PAUL CELAN

ÜBERTRAGUNGEN
AUS DEM RUSSISCHEN

ALEXANDER BLOK
OSSIP MANDELSTAM
SERGEJ JESSENIN

S. FISCHER VERLAG

Alexander Blok, Die Zwölf
© 1958 S. Fischer Verlag GmbH, Frankfurt am Main
Ossip Mandelstam, Gedichte
© 1959 S. Fischer Verlag GmbH, Frankfurt am Main
Sergej Jessenin, Gedichte
© 1961 S. Fischer Verlag GmbH, Frankfurt am Main
Für die vorliegende Ausgabe:
© 1986 S. Fischer Verlag GmbH, Frankfurt am Main
Satz: Fotosatz Otto Gutfreund, Darmstadt
Druck: Wagner GmbH, Nördlingen
Einband: G. Lachenmaier, Reutlingen
Gedruckt auf PAMOSOL
der Papierfabrik Albbruck, geliefert über
G. Schneider & Söhne GmbH + Co. KG., Kelkheim
Printed in Germany 1986
ISBN 3-10-010505-2

ALEXANDER BLOK

I

Schwärze: Abend.
Weiß: Schnee fällt.
Wind und Wind!
Keiner, der sich aufrecht hält.
Wind und Wind
Über Gottes weite Welt!

Windsbraut streut
Flockenweiß.
Drunter: Eis.
Gleiten, Fallen: so gehts allen.
Arme Leut!

Eine Schnur, die man spannte.
Dran ein Plakat:
»Alle Macht der Konstituante!«
Kommt ein Mütterchen, das weint,
Weiß nicht, was das alles meint:
Solche Stoffverschwendung
Ausgerechnet jetzt!
Wüßt da bessere Verwendung.
Barfuß ist man und zerfetzt . . .

Mütterchen, mußt durch den Schnee –
Irgendwie wird es schon gehn.
– Maria-Fürsprech, blick herab!
– Die Bolschewiken bringen mich ins Grab!

Winde, scharfes Hui!
Stein frierts und Bein!
Drüben: der Burschui,
Nas' im Mäntelein.

Und der da drüben? Lange Mähne,
Murmelt was zwischen den Zähnen:
— Verrat!
— Verrat an Rußland, Verrat!
Vermutlich ein Literat . . .

Und da! Die Schöße flattern —
Da, da, wo's grade stob!
Warum heut so verdattert,
Genosse Pop?

Weißt noch, wie's gewesen?
Schobst den Bauch heran,
Und von Baucheshöhe
Leuchtets Kreuz uns an . . .

Damen. Kommen angestelzt.
Was spricht der Persianerpelz?
— Ach, das Leid, das viele Leid . . .
Rutsch! — So lang, so breit . . .

Los, lauf,
Hebse auf!

Wind, munter,
Drüberhin, drunter,
Teilt Püffe aus, Stöße,
Zupft an den Schößen.
Passanten – gemäht,
Das Plakat – gebläht,
Das weithin gespannte:
»Alle Macht der Konstituante!«

Worte, herübergeweht:

. . . 'ne Versammlung abgehalten . . .
. . . ja, da drüben, in dem alten . . .
. . . Diskussion –
und Resolution:
Zehn pro einmal, zwanzig für die Nacht . . .
. . . Na, gut Nacht . . .

Späte Stunde.
Menschenleer.
Alter Kunde
Schlurft daher.
Wind macht die Runde.

Frierst wohl – ei,
Wenn wir zwei . . .?

Brot!
Was wird kommen, was geschehn?
Weitergehn!

Schwarzer Himmel drüberher.

Haß kocht, schwarz und finster, schwer.
O du schwarzer, heiliger...

Genosse! Du!
Kein Auge zu!

II

Schneetanz, Stäuben, Wirbeln, Wehn.
Es gehn die Zwölf, die Zwölfe gehn.

Die Flintenriemen, schwarz und stumm.
Und Flammen-, Flammenschein rundum.

Mütze – zerbeult! Die Kippe – naß!
Stündst schön am Buckel, Karo-As!

Freiheit, Freiheit,
Freiheit sei!
Und kein Kreuz, kein Kreuz dabei!

Trara! Hei!

Kalt, Genossen, bitter kalt!

– Der Wanja? Führt die Katja aus...
– Ja, die hat Rubelchen im Haus...

– Und wo's nun einmal Zaster hat...
– Da macht man kehrt und wird Soldat!

– Wanja, Burschui und Hurenmist,
Probier mal, wie die Meine küßt!

Freiheit, Freiheit,
Freiheit sei!
Und kein Kreuz, kein Kreuz dabei!

Haben beide was zu tun –
Frag mich bloß, was tun die nun?

Trara! Hei!

Der Flammen-, Flammenschein rundum.
Die Flintenriemen, schwarz und stumm.

Halt Schritt, halt Schritt mit der Revolution!
Glaub nicht, die drüben schlafen schon!

Fester die Kralle, Mensch! Und Mumm!
Jetzt, Mutter Rußland, machts mal bumm!

Bumm, du heilige,
Bumm, du herrlichste,
Bumm, du ärschlichste!

Und kein Kreuz, kein Kreuz dabei!

III

Gingen unsre Jungens hin,
Wurden Rotgardisten,
Wurden Rotgardisten,
Hieltens tolle Köppchen hin!

O du Gram und Kümmernis,
O du Lebensfreude!
Das Mäntelchen aus Lumpen ist,
Die Knarre stammt vom Feinde!

Allerorten, allerwegen
Wolln, Burschui, wir Brände legen!
Das Blut soll kochen und sich regen –
Herr im Himmel, gib den Segen!

Kutscherschrei und Schneegebraus,
Wanjka, Katjka fahren aus –
He, Laternchen, he, so nobel,
Sitzt dort auf der Deichselgabel,
Will dich mir herunterhaben ...

Guck: Montur und Equipage!
Wanja, alberne Visage,
Zwirbel deinen Schnurrbart, zwirbel,
Mach 'nen Wirbel,
Mach 'nen Wirbel ...

Bin der Wanja, bin ein Mann!
Bin ein Mann, der reden kann!
Zeigt der Zicke, wie beredt,
Und das Mundwerk geht ...

Laß das Köpfchen schiefer sitzen,
Zeig, wie deine Zähne blitzen –
Katja, Katja, Katjenka,
Eine Schnute hast du da ...

V

Katja, hast am Hals 'ne Schramme,
Muß von einem Messer stammen;
Auf der Brust 'nen roten Fleck,
Katja, und der will nicht weg!

Komm, komm, schwing das Bein!
Beinchen will geschwungen sein!

Kamst so fein daherspaziert,
So seidenspitzenfein.
Hast mit Leutnants schon poussiert –
Laß dich mit mir ein!

Komm, komm, laß dich ein,
Hab ein Herz, ist nicht von Stein!

Ja, das Messerchen, es traf
Den Herrn Offizier …
Weißt noch, sakra, wie's ihn traf,
Oder zeig ichs dir?

Oder zeig ichs, zeig ichs dir –
Na? Das Bett steht hier!

Weißt was von Gamaschenstiefeln,
Hast Bonbons gelutscht,

Warst mit deinen Junkern schwiemeln,
Lernst, wie 'n Landser knutscht?

Noch 'ne Sünde, eine mehr,
Und das Herz ist fröhlicher!

VI

Der Schlitten, wieder, auf uns zu!
Geknall, Geschrei – ich komm dir, du!

Andrjucha, schnell! Und Ihr da, halt!
Von links, Petrucha! Mach ihn kalt!

Jetzt! Knall und knall und noch mal knall!
Und mit dem Schnee ins Weltenall!

Der Kutscher! Wanja! Was? Davon?
Den Hahn gespannt! Noch 'ne Portion!

Knall, knall und knall! Ich stoß dir mal
Bescheid bezüglich Damenwahl!

Getürmt, der Hund! Getürmt, bevor –
Na wart, ich komm auch morgen vor!

Und Katja? – Da, wie sie da liegt!
Das Köpfchen hat Besuch gekriegt...

Was? Sie ist froh? – Hurengeschmeiß!
Dich Aas macht auch der Schnee nicht keusch...

Halt Schritt, halt Schritt mit der Revolution!
Glaub nicht, die drüben schlafen schon!

VII

Und sie gehn, die Zwölf, sie gehen,
Gehn und tragen das Gewehr.
Einer geht, der hat getötet,
Einer zeigts Gesicht nicht her.

Schritt, du bist zu langsam, Füße,
Füße, ihr müßt schneller sein.
Hals, das Tuch um dich sitzt locker,
Hals, ich hüll dich nicht mehr ein . . .

– Bist, Genosse, schlechter Laune?
– Siehst ja ganz verbiestert aus!
Läßt ja deine Nase hängen!
Denkst an Katja, altes Haus?

– Ach, ihr Guten, ach, ihr Freunde,
Ach, sie will nicht aus dem Sinn . . .
Nächte schwarz und Nächte dunkel,
Nächte bracht ich mit ihr hin . . .

– Weil ihr Aug so kühn und keck war,
Weil ein Feuer drin gebrannt,
Weil das Muttermal wie Mohn glüht',
Das auf ihrer Schulter stand –
Darum nur und nur darum
Kam mein Zorn und bracht sie um . . .

– So, jetzt einmal Leierkasten!
Einer wird sentimental!
– Wozu gibt es Tränendrüsen?
Nein, Herr, Sie erlauben mal!
– Etwas Selbstkontrolle, bitte!
– Haltung, Petja! Andre Schritte!

– Diese Zeit weiß nichts von Kindern,
Hätschelt nicht und lullt nicht ein!
Eine Last ist noch zu tragen,
Und sie will getragen sein!

Und Petrucha hat begriffen,
Und sein Schritt ist wie ihr Schritt,

Seinen Kopf hat er jetzt oben,
Und sein Mund, er lächelt mit . . .

Glaubt mir, glaubt,
Solche Kurzweil ist erlaubt!

Aufgepaßt jetzt in den Villen,
Jemand kommt, den Sack zu füllen!

Dreht die Schlüssel, dreht sie rum –
Habenichtse gehn jetzt um!

VIII

O du Gram und Kümmernis,
Öde du, tödliche
Ödigkeit!

Hab ja Zeit und hab Weil,
Bring sie zu, bring sie hin ...

Hab ein Kämmlein zur Hand,
Führ es her, führ es hin ...

Hab ein Kernlein im Mund,
Beiß es auf, beiß hinein ...

Hab ein Messerlein fein,
Klapp es auf, fahr drein!

Flieg, Burschui, flieg –
Die Kugel da holt dich zurück.
Flieg, Vögelchen, steige –
Dein Blut, ich trinks bis zur Neige.
Trink es, mußts mir geben:
Mädchen ging fort aus dem Leben ...

Gib, Herr, der Seele deines Knechts die Ruh und den
Frieden ...

Ödigkeit!

Die Stadt liegt still, der Schlaf hat sie im Arm,
Der Newaturm dort: stumm seht ihr ihn stehn.
Die Straßen – leer, und nirgends ein Gendarm.
Der Schnaps ist alle, Kinder – tanzt trotzdem!

Seht dort den Bürger stehn, am Kreuzweg, er
Hat seine Nase tief im Kragen, und
Da ist noch jemand, zottig, dicht daneben – wer?
Ein Hund, der sich an ihn schmiegt, räudig – ja, ein Hund.

So steht der Bürger, hungrig, hündisch, hält
Sich wie ein Fragezeichen, Sprache ist ihm fremd.
Und hinter ihm, daneben, hockt die alte Welt:
Ein Köter, herrenlos. Der Schwanz ist eingeklemmt.

X

Woher schneit es, wenns so schneit?
Alles weht es zu.
Keiner keinem sichtbar! Weit
Noch das nächste Du!

Schneetrichter, Schneesäulen, Schnee…

— Herr, dies Blasen und dies Schnein!
— Petja, laß die Scherze sein!
Kommt uns jetzt mit dem Ikönchen,
's fromme Söhnchen!
Bist nicht ganz bei Trost, vergißt,
Wo jetzt Rat zu holen ist —
Oder sind die Händchen dein
Vom vergossnen Blut schon rein?
— Halt Schritt mit der Revolution!
Glaub nicht, die drüben schlafen schon!

Volk der Arbeit, bleib nicht stehn,
Weiter mußt du, weitergehn!

...Und es gehn die Namenlosen,
Und die Zwölfe gehn.
Alles tun, an nichts sich stoßen,
Nichts verdient zu stehn...

Blank und stählern die Gewehre:
Feind – wo mag er sein?
Gassen – alle führn ins Leere,
Schnein und Schnein und Schnein...
Flockenwüsten, Flockenmeere –
Kriegst den Fuß nicht frei...

Rote Fahne.
Wie sie klirrt.

Gleichschritt, hallend:
Feind marschiert.

Feind ist da, hat sich geregt –
Auf die Bestie angelegt!

Schneewind bläst die Augen blind,
Tagwind, Nachtwind,
Morgenwind.

Volk der Arbeit, bleib nicht stehn,
Weiter mußt du, weitergehn!

... Gehn und schreiten, ziehn die Bahnen ...
– Ist da wer? Wenn ja, komm raus!
Wind ists und die rote Fahne –
Rote Fahne, vorn, voraus ...

Vorne, kalt, der Schnee, ein Haufen.
– Steckt da einer? Ist da wer?
Hungerköter, kann nicht laufen,
Hinkt nun hinter ihnen her ...

– Marsch, du Aas, bist nichts wie Krätze –
Bajonett kann kitzeln – schau!
Alte Welt, zum allerletzten
Mal jetzt: Fort mit dir! – Ich hau!

... Bleckt den Zahn, das Biest, er hungert –
Zieht den Schwanz ein, will nicht fort –
Hungerköter, streunst und lungerst ...
– Heda! Wer da? Losungswort!

– Fahnenschwenken, rot – ein Zeichen?
– Ist das eine Finsternis!
– Du, ich seh da einen schleichen,
Bei den Häusern, ganz gewiß!

– Willst nicht stehn, na schön, was tut es ...
Schon dein Leben, schon es bloß!
– Du, hör zu, jetzt kommt nichts Gutes,
Du, jetzt geht das Schießen los!

Trach-tach-tach jetzt! Knall und Schall.
In den Häusern: Widerhall.
Und noch einmal, gleich darauf:
Schneesturm schlug 'ne Lache auf.

Trach-tach-tach!
Trach-tach-tach!

... Gehn und schreiten, schreiten, gehen –
Hungerhund prescht hinterher.
Vorn die Fahne, blutig, wehend,
Und, unsichtbar – denn es schneit –
Einer noch, der ist gefeit,
Sturmfern, sanft, so schreitet er,
Schneeglanz, perlend, um sich her,
Rosenweiß sein Kränzlein ist –
Vorne gehet Jesus Christ.

ALEXANDER BLOK,

den Rußland zu den größten seiner Lyriker zählt, wurde am 16. November 1880 in Petersburg geboren. Er starb am 7. August 1921 in seiner Geburtsstadt – berühmt und vereinsamt.

Die Zwölf,

neben den *Skythen* das letzte Werk des Dichters, entstanden kurz nach der Oktoberrevolution, mitten im Bürgerkrieg, in der Zeit zwischen dem 8. und dem 28. Januar 1918. »Im Einklang mit den Elementen« (so berichtet eine Tagebuch-Notiz Bloks) niedergeschrieben, wuchs das Gedicht von seiner Mitte her: das achte, mit den Worten »O du Gram und Kümmernis« anhebende, mit dem Wort »Ödigkeit« ausklingende Stück war das erste. Man darf es wohl als das Herzstück ansehen.

Mythos? Dokument? Hymne oder Satire auf die Revolution? Man erblickt beides darin – in beiden Lagern. Blok selbst notierte in seinem Tagebuch: »Wir wollen sehen, was die Zeit daraus macht. Mag sein, daß alle Politik so voller Schmutz ist, daß ein einziger Tropfen davon alles übrige trübt und zersetzt; mag sein, daß sie den Sinn des Gedichts dennoch nicht völlig zerstört; und wer weiß, vielleicht erweist sie sich letzten Endes als das Ferment, das bewirkt, daß *Die Zwölf* eines Tages wiedergelesen werden, in einer anderen Zeit als der unsern ...«

P.C.

OSSIP MANDELSTAM

DER STEIN

DER HOHLE LAUT, behutsam, der
Frucht, die vom Ast sich loslöst, die
unendliche, die Melodie
des Wälderschweigens um ihn her ...

DER TANNEN weihnachtliches Leuchten,
der Wälder Flittergold.
Der Spielzeugwolf, der im Gesträuche
mit seinen Augen rollt.

O weise Schwermut, wohlberedte,
o Freiheit, fern dem Schall.
Des Firmaments, des unbelebten, steten,
hohnsprechender Kristall!

MAN GAB MIR einen Körper – wer
sagt mir, wozu? Er ist nur mein, nur er.

Die stille Freude: atmen dürfen, leben.
Wem sei der Dank dafür gegeben?

Ich soll der Gärnter, soll die Blume sein.
Im Kerker Welt, da bin ich nicht allein.

Das Glas der Ewigkeit – behaucht:
mein Atem, meine Wärme drauf.

Die Zeichnung auf dem Glas, die Schrift:
du liest sie nicht, erkennst sie nicht.

Die Trübung, mag sie bald vergehn,
es bleibt die zarte Zeichnung stehn.

KEINE WORTE, keinerlei.
Nichts, das es zu lehren gilt.
Sie ist Tier und Dunkelheit,
sie, die Seele, gramgestillt.

Nicht nach Lehre steht ihr Sinn,
nicht das Wort ists, was sie sucht.
Jung durchschwimmt sie, ein Delphin,
Weltenschlucht um Weltenschlucht.

SILENTIUM

Sie ist noch nicht, ist unentstanden,
Musik ist sie und Wort:
so lebt, verknüpft durch ihre Bande,
was west und atmet, fort.

Im Meer das Atmen, ruhig, immer,
das Licht durchwächst den Raum;
aus dem Gefäß, das bläulich schimmert,
steigt fliederblasser Schaum.

O könnt ich doch, mit meinem Munde,
solch erstes Schweigen sein,
ein Ton, kristallen, aus dem Grunde,
und so geboren: rein.

Bleib, Aphrodite, dieses Schäumen,
du Wort, geh, bleib Musik.
Des Herzens schäm dich, Herz, das seinem
Beginn und Grund entstieg.

DAS HORCHENDE, das feingespannte Segel.
Der Blick, geweitet, der sich leert.
Der Chor der mitternächtgen Vögel,
durchs Schweigen schwimmend, ungehört.

An mir ist nichts, ich gleich dem Himmel,
ich bin, wie die Natur ist: arm.
So bin ich, frei: wie jene Stimmen
der Mitternacht, des Vogelschwarms.

Du Himmel, weißestes der Hemden,
du Mond, entseelt, ich sehe dich.
Und, Leere, deine Welt, die fremde,
empfang ich, nehme ich!

BETT, aus schwülen Finsternissen,
Lasten, auf die Brust gelegt ...
Dies vielleicht ist mir das Liebste:
schmales Kreuz, geheimer Weg.

DER SCHRITT DER PFERDE, sacht, gemessen.
Laternenlicht – nicht viel.
Mich fahren Fremde. Die wohl wissen,
wohin, zu welchem Ziel.

Ich bin umsorgt, ich bin es gerne,
ich suche Schlaf, mich friert.
Dem Strahl entgegen gehts, dem Sterne,
sie wenden – wie es klirrt!

Der Kopf, gewiegt, ich fühl ihn brennen.
Die fremde Hand, ihr sanftes Eis.
Der dunkle Umriß dort, die Tannen,
von denen ich nichts weiß.

LEICHT GETRÜBTE LUFT, sonor und feucht;
schön der Gang im heimeligen Wald.
Wandrung, einsam: leichtes Kreuz –
ja, ich trag es, willig, abermals.

Wieder, vorwurfsvoll, der Entenschrei:
Heimat, angerufen – ungerührt.
Dämmerleben. Ich – ich bin dabei
und bin einsam und kann nichts dafür.

Da! Ein Schuß. Der See erwacht nicht, schwer
hängt der Entenflügel, schwer wie Stein.
Dort die Fichtenschäfte stehn betört
von dem Doppelt- und Gespiegeltsein.

Himmelsflor, verblüht, hinweggerafft –
Weltenweh, das nebelhafte, trübe –
O erlaub, daß ich ihm gleich sei: nebelhaft,
und erlaub mir, daß ich dich nicht liebe.

DIE MUSCHEL

Ich weiß es, Nacht: ich geh dich wohl
nichts an. Aus ihr, der Weltenschlucht,
geschleudert, eine Muschel, hohl,
lieg ich am Rande deiner Bucht.

Du Unbeteiligte, du rollst
dein Meer, du hörsts nicht, singst, singst fort.
Doch sie, die leer und unnütz ist, du sollst
sie lieben, deine Muschel dort.

Im Sand, da liegt ihr, dein Gewand
schlägst du um sie, die zu dir schlüpft.
Die große Glocke Dünung: an
euch beide hast du sie geknüpft.

Die Wände – brüchig; dieses Haus
ist unbewohnt, wie's Herzen sind.
Du füllsts mit Schaumgeflüster aus,
mit Regen, Nebelschwaden, Wind...

O HIMMEL, HIMMEL, du kommst wieder, wieder
im Traum! Dies kann nicht sein: daß du erblindet bist,
daß hier der Tag, ein weißes Blatt, ganz niederbrannte, nieder
zu diesem bißchen Rauch, zu diesem Aschenrest!

DER STERNE EINERLEI:
ich haß es, lieb es nicht.
Ich grüß dich, Turm-und-Pfeil:
mein Traum, mein alter – dich!

Sei lauter Fäden, Stein,
Stein, sei das Spinnentier:
Geh, grab dich, nadelfein,
ins Leere über mir.

Der Flügelschlag, gewiß –
ich hör, ich fühle ihn.
Doch der Gedanke ist
lebendig, fliegt – wohin?

Die Bahn, die Frist . . . Ich kehr,
wer weiß, zurück ins Hier.
Die Liebe: dort zu schwer,
und hier: die Angst vor ihr . . .

DEIN GESICHT, das quälend umrißlose,
tief im Dunst – ich machts nicht aus.
»Herr«, so sprach ich und versprach mich,
sprach ein Ungedachtes aus.

Groß, ein Vogel, flog der Name Gottes
aus dem Innern, war nicht mehr.
Vor mir Dunst und Nebel, dichter.
Hinter mir ein Käfig, leer.

NEIN, NICHT DEN MOND – ein Zifferblatt
seh ich dort leuchten. Was kann ich dafür,
daß ich die Sterne milchig seh und matt?

Wie dünkelhaft war Batjuschkows Bescheid!
»Wie spät ist es?« so fragten sie ihn hier,
und die es wissen wollten, hörten: »Ewigkeit«.

DIEBSVOLK, NACHTS, in der Spelunke.
Brettspiel. Dieser, jener Stein.
Eierspeise. Mönche, trunken.
Leergebechert ist der Wein.

Auf dem Turm: Chimären raufen:
»Ich bin häßlicher!« – »Nein, ich!«
Tag. Ein Prediger. Der Haufe
strömt ins Zelt, versammelt sich.

Marktplatz, Hunde. Jaulen, Johlen.
Wechslertüren, eingerannt.
Rasch die Ewigkeit bestohlen!
Doch die Ewigkeit: wie Sand.

Klein für solche Fracht der Wagen;
Sackschnur ist nicht lang genug.
Unbequem dem Mönch das Lager.
Seine Rede: Lug und Trug.

DIE LUFT – VERTRUNKEN, und das Brot – vergiftet.
Wie diese Wunden heilen? Schwer.
Die Schwermut Josephs, in Ägypten,
sie war nicht schwerer, lastender.

Der Sternenhimmel. Drunter: Beduinen.
Ihr Aug ist zu, sie sind zu Pferd.
Sie dichten, frei. Vom Tag, der ihnen
so viel Undeutliches beschert.

Nur wenig brauchts, und du durchschaust dein Leben:
– Ich fand den Köcher nicht mehr. – Ich
vertauscht mein Pferd. – Was sich begeben,
ist Nebel, und es lichtet sich.

Und singst du, wahr, und hast getreu gesungen,
aus voller Brust, so merkst du: kaum
daß etwas blieb – es ist geschwunden,
bis auf den Sänger und den Sternenraum.

DIE ZEITEN, UNBEHAUN: vom Hufe
der Pferde lautgehämmert. Die
Hausknechte, schwer bepelzt; die Truhen
aus Holz – drauf schlafen sie.

Ein Schlag ans Tor. (Es ist aus Eisen.)
Der Pförtner – träg erhebt er sich.
Ein Gähnen, tierisch – Skythe, deine
Gestalt erkenn ich, dein Gesicht!

Wie einst, als er, Ovid, sie beide
in seinem Lied zusammentrug:
Rom und den Schnee. Den Ochsenkarren
besingend im Barbarenzug.

DIE STÄDTE, DIE DA BLÜHN, sie mögen weiter
bedeutsam tun mit Namen und mit Schall.
Nicht Rom, die Stadt, lebt fort durch Zeit und Zeiten,
es lebt des Menschen Ort – ein Ort im All.

Ihn zu erobern, ziehn der Fürsten Heere,
heißen die Priester all die Kriege gut.
Und ohne ihn – die Häuser, die Altäre:
verachtungswürdig, elend, Schutt.

ES TILGEN FEUERZUNGEN
mein trocknes, morsches Sein:
vom Holz sei jetzt gesungen,
geschwiegen jetzt vom Stein.

Es ist das Roh-und-Leichte,
es ist aus einem Stück,
ist beides, Herz der Eiche
und Fischers Ruderglück.

Treibt eure Keile, rede,
du Hammer, poch und stoß:
dies ist ein hölzern Eden
von Dingen schwerelos.

VOM ZWEITEN BIS ZUM SECHSTEN TAGE:
die eine Wüste, unbegrenzt.
O Flüge, langes Flügelschlagen!
Ein Pfeilschuß – siebentausend Werst!

Und sie, die nach Ägypten flogen,
die Schwalben, vier, vier Tage lang,
das Wasser unter sich – sie hingen oben,
und keine Schwinge tauchte, trank.

SCHLAFLOSIGKEIT. HOMER. Die Segel, die sich strecken.
Ich las im Schiffsverzeichnis, ich las, ich kam nicht weit:
Der Strich der Kraniche, der Zug der jungen Hecke
hoch über Hellas, einst, vor Zeit und Aberzeit.

Wie jener Kranichkeil, in Fremdestes getrieben –
die Köpfe, kaiserlich, der Gottesschaum drauf, feucht –
Ihr schwebt, ihr schwimmt – wohin? Wär Helena nicht drüben,
Achäer, solch ein Troja, ich frag, was gält es euch?

Homer, die Meere, beides: die Liebe, sie bewegt es.
Wem lausch ich und wen hör ich? Sieh da, er schweigt, Homer.
Das Meer, das schwarz beredte, an dieses Ufer schlägt es,
zu Häupten hör ichs tosen, es fand den Weg hierher.

TRISTIA

PETROPOLIS, DIAPHAN: hier gehen wir zugrunde,
hier herrscht sie über uns: Proserpina.
Sooft die Uhr schlägt, schlägt die Todesstunde,
wir trinken Tod aus jedem Lufthauch da.

Den Helm, den steinernen, jetzt losgebunden,
Athene, meerisch, mächtig, schreckensnah!
Petropolis, diaphan: hier gehen wir zugrunde,
nicht du regierst – hier herrscht Proserpina.

DIESE NACHT: NICHT GUTZUMACHEN,
bei euch: Licht, trotzdem.
Sonnen, schwarz, die sich entfachen
vor Jerusalem.

Sonnen, gelb: größres Entsetzen –
schlaf, eiapopei.
Helles Judenhaus: sie setzen
meine Mutter bei.

Sie, die nicht mehr priesterlichen,
gnad- und heilsberaubt,
singen aus der Welt, im Lichte,
eines Weibes Staub.

Judenstimmen, die nicht schwiegen,
Mutter, wie es schallt.
Ich erwach in meiner Wiege,
sonnenschwarz umstrahlt.

ICH SUCHT SIE NICHT, KASSANDRA, da die Sekunden
blühten:
dein Aug, ich sucht es nicht, ich sucht nicht deinen Mund.
Doch im Dezember, jetzt – o festliche Vigilie –:
uns quält Erinnerung...

GRILLENLIED, AUS UHREN TICKEND,
Flüstern einer Fieberglut,
Rascheln aus dem Ofen, trocken –:
rote Seide ists, die loht.

Lebensboden, dünn, durchbrochen
schon vom feinen Mäusezahn.
Schwalbenmutter, Schwalbentochter
knüpft mir los, womit ich spann.

Dächerhin die Regenworte
– schwarze Seide brennt –, doch blieb
er, der's hört, der Faulbaum, drunten,
tief im Meer, das Wort: Vergib.

Schuldlos ist der Tod, und keinem,
keinem kann geholfen sein.
Darum glühts, das Herz, in seinem
Nachtigallenschein.

DIE PRIESTER. UND INMITTEN ER. Er wacht,
der junge, der Levit. Es tagt, vor offnen Lidern.
Dicht stand die Nacht um ihn, die Judennacht,
und der zerstörte Tempel stand – stand wieder.

Er sprach: Die Himmel dort, das Gelb dort, die Gefahr.
Ihr Priester, schnell! Dort, überm Euphrat: Finsternis!
Die Alten: Nicht an uns liegts, daß immer solches war...
Das Licht, das gelb und schwarze... Die Freude, die da ist...

Es stand mit uns am Wasser, der Sabbat kam, und wir,
wir hüllten ihn in Linnen, in kostbarstes, der große,
der Siebenleuchter flammte, erhellte dieses hier:
die Nacht Jerusalems, den Qualm des Wesenlosen.

DIE FREIHEIT, DIE DA DÄMMERT, LASST UNS
PREISEN,
dies große, dieses Dämmerjahr.
Hinabgesenkt der schwere Wald der Reusen
in Wassernächte, wie noch keine war.
In Finsternisse trittst du, taub und dicht,
du Volk, du Sonne-und-Gericht.

Das Schicksalsjoch, ihr Brüder, sei besungen,
das, der das Volk führt, weinend trägt.
Das Joch der Macht und die Verfinsterungen,
die Last, die uns zu Boden schlägt.
Wer, Zeit, ein Herz hat, hört damit, versteht:
er hört dein Schiff, Zeit, das zur Tiefe geht.

Dort, kampfbereit, die Phalanx – dort: die Schwalben!
Wir schlossen sie zusammen, und – ihr sehts:
Die Sonne – unsichtbar. Die Elemente, alle:
lebendig, vogelstimmig, unterwegs.
Das Netz, die Dämmerung: dicht. Und nichts erglimmt.
Die Sonne – unsichtbar. Die Erde schwimmt.

Nun, wir versuchen es: Herum das Steuer!
Es knirscht, ihr Linkischen – loß, reißts herum!
Die Erde schwimmt. Ihr Männer, Mut, aufs neue!
Wir pflügen Meere, brechen Meere um.
Und denken, Lethe, noch wenn uns dein Frost durchfährt:
Der Himmel zehn war uns die Erde wert.

TRISTIA

Ich lernte Abschied – eine Wissenschaft;
ich lernt sie nachts, von Schmerz und schlichtem Haar.
Gebrüll von Ochsen. Warten, lange Haft.
Die Stadt-Vigilie, die die letzte war.
Und ich – ich halts wie in der Nacht der Hähne,
da ich, den Gram geschultert, wandert, lang,
ein Aug ins Ferne sah durch seine Träne
und Weiberweinen war im Musensang.

Wer, hört dies Wort er: Auseinandergehen,
weiß, was die Trennung und das Scheiden bringt,
was es verheißt, wenn Flammen auf dir stehen,
Akropolis, und Hahnenschrei erklingt?
Was, wenn ein neues Leben, irgendeines, tagt,
indes die Ochsen brüllen, träg, im Stall,
was jenes Flügelschlagen dort besagt
des Hahns, der Neues kündet, auf dem Wall?

Ich lieb, was stet sich fortspinnt, Fäden –
Das Schiffchen fliegt, die Spindel summt ...
O sieh: ein Flaum, ein wirklicher, von Schwänen –
die unbeschuhte Delia – sie kommt!
O unsres Lebens Grund, der karg-und-schmale,
die Bettelworte, die die Freude spricht!
Ach, nur Gewesnes kommt, zum andern Male:
der Nu, da du's erkennst – dein Glück.

So sei denn dies: Die Schale, tönern, rein,
und das Gebild aus Wachs, durchsichtig, drauf.
(Wie Fell vom Feh, gedehnt.) Daneben ein
über das Wachs geneigtes Mädchenaug.
Nicht an uns ists, den Erebos zu fragen:
dem Mann das Kupfer, Wachs den Fraun.
Uns fällt der Würfel, da wir Schlachten schlagen;
sie sterben, da sie in die Zukunft schaun.

IHR SCHWESTERN SCHWER UND ZART, ich seh
euch – seh dasselbe.
Die Imme und die Wespe taucht in die Rose ein.
Es stirbt der Mensch, und kalt wird der Sand, der glut-
durchschwelte,
die gestern helle Sonne – schwarz trägt man sie vorbei.

O Waben, schwere Waben, o Netzwerk, zart gesponnen.
Dein Name – nichts ist schwerer ein zweites Mal gesagt!
Mir bleibt nur eine Sorge – die einzige und goldne:
das Joch der Zeit – was tu ich, daß ich dies Joch zerschlag?

Ich trink die Luft wie Wasser, trink Trübes, Strahlenloses.
Die Zeit – gepflügt, die Rose, die nun zu Erde ward ...
Still drehn sich mit den Wassern die schweren zarten Rosen –
zum Doppelkranz geflochten die Rosen Schwer und Zart!

VENEDIGS LEBEN, düster und unfruchtbar – sein Sinn:
er tritt mir klar vor Augen, ich sehe ihn, genau.
Ein Lächeln um den Mund, ein kaltes, blickt es in
die abgelebten Spiegel, in spiegelaltes Blau.

Ein Hautarom, kaum spürbar. Die Äderung, violett.
Ein Weiß, ein Schimmer Schnee. Brokate, dunkelgrün.
Man hebt sie auf die Sänften, auf das Zypressenbett,
man schält sie aus den Mänteln, im Schlummer, im Verglühn.

In all den Körben: Kerzen. Sie brennen, brennen fort,
als ob dies eine Arche und drin die Taube wär.
Auf Plätzen, in Theatern, an müßig-eitlem Ort,
allda geschieht das Sterben, der Mensch, hier endet er.

Die Todesangst, die Liebe: nichts, das den zwein entkommt:
der Ring Saturns wiegt schwerer als irgendein Gewicht.
Der Richtblock, ausgeschlagen mit Samt, mit schwarzem Samt.
Das menschliche, das Antlitz, das herrliche Gesicht.

Wie schwer es hängt, Venedig, dein Prunk- und Bühnenwerk!
Die Spiegel schwer, die Rahmen, schwer das Zypressenholz.
Die Luft hier: scharfgeschliffen. Im Schlafgemach: der Berg
von altersblauem Glase, das taut, das schon zerschmolz.

Sinds Rosen, sinds Phiolen in diesen Händen hier?
Dies ist der Abschied, Adria, du grünes Meer, ade!
Du Mädchen aus Venedig, du sprichst nicht, sag es mir:
Ein Tod wie dieser, festlich – kann ich ihm nicht entgehn?

Im Spiegel steht jetzt Venus. Ihr Licht – ein schwarzes Licht.
Es gehn die Dinge, alle. Die Wahrheit: Dunkelheit.
Es wird ein Mensch geboren. Es lebt die Perle nicht.
Susanne: der zwei Greise muß sie gewärtig sein.

DAS WORT BLEIBT UNGESAGT, ich finds nicht wieder.
Die blinde Schwalbe flog ins Schattenheim,
zum Spiel, das sie dort spielen. (Zersägt war ihr Gefieder.)
Tief in der Ohnmacht, nächtlich, singt ein Reim.

Die Vögel – stumm. Und keine Immortelle.
Glashelle Mähnen – das Gestüt der Nacht.
Ein Kahn treibt, leer, es trägt ihn keine Welle.
Das Wort: umschwärmt von Grillen, unerwacht.

Und wächst, wächst wie es Tempeln, Zelten eigen,
steht, jäh umnachtet, wie Antigone,
stürzt, stygisch-zärtlich und mit grünem Zweige,
als blinde Schwalbe stürzt es nieder, jäh.

Beschämung all der Finger, die da sehen,
o die Erkenntnis einst, so freudenprall.
O Aoniden, ihr – ich muß vor Angst vergehen,
vor Nebeln, Abgrund, Glockenton und Schall.

Wer sterblich ist, kann lieben und erkennen,
des Finger fühlt: ein Laut, der mich durchquert...
Doch ich – mein Wort, ich weiß es nicht zu nennen,
ein Schemen war es – es ist heimgekehrt.

Die Körperlose, immer, Stund um Stunde,
Antigone, die Schwalbe, überall...
Wie schwarzes Eis, so glüht auf meinem Munde
Erinnerung an Stygisches, an Hall.

AUS MEINEN HÄNDEN, dich zu freuen, nimm
ein wenig Sonne und ein wenig Honig: dies
ist, was Persephoneias Bienen uns zu tun geheißen.

Nicht loszumachen ist das unvertäute Boot,
des Schattens Schuh und Schritt – nicht zu erlauschen,
die Angst im Lebensdickicht hier – nicht zu bezwingen.

Uns bleibt nur dies: die bienengleichen Küsse,
die kleinen Immen, haarig, in den Stöcken –
ihr Flug ins Freie ist ihr Todesflug.

Der Hain der Nacht, wie Glas: der Raum, den sie
                              durchschwärmen.
Der dichte Wald auf dem Taygetos: die Heimat
                        und die Herkunft.
Die Nahrung dies: Zeit, Honigblume, Minze.

So nimm dies Waldgeschenk, nimms, dich zu freuen:
das Halsband, unscheinbar, aus toten Bienen –
sie woben Honig, woben ihn zu Sonne.

DER STADTMOND tritt ins Freie, auf Plätze, offen, rund,
und Schritt für Schritt erfüllt sich die Stadt mit Helligkeit,
dann nimmt die Nacht zu, kupfern und schwer von Trübsal, und
das Wachs, das singt, muß weichen vor ungefüger Zeit;

ein Turm steht, steinern; oben: ein Kuckuck, und er klagt;
die Welt, in der nichts atmet, betritt die Schnitterin,
rührt still an jeden Schatten, der groß und finster ragt,
und streut ihn, gelbes Stroh jetzt, über die Tenne hin . . .

GEDICHTE

BAHNHOFSKONZERT

Kein Atmen mehr. Das Firmament – voll Maden.
Verstummt die Sterne, keiner glüht.
Doch über uns, Gott siehts, Musik, dort oben –
Der Bahnhof bebt vom Aonidenlied.
Und wieder ist die Luft, zerrissen von Signalen,
die Geigenluft, die ineinanderfließt.

Der Riesenpark. Die Bahnhofskugel, gläsern.
Die Eisenwelt – verzaubert, abermals.
Und feierlich, in Richtung Neben-Eden,
zu einem Klang-Gelage rollt die Bahn.
Ein Pfauenschrei. Klaviergetöse.
Ich kam zu spät. Ich träum ja. Mir ist bang.

Der Glaswald rings, ich habe ihn betreten.
Der Geigen-Bau – in Tränen, aufgewühlt.
Der Duft der Rosen in den Moder-Beeten;
der Chor der Nacht, der anhebt, wild.
Der teure einst, der mitzog, er, der Schatten...
Sein Nachtquartier: ein gläsernes Gezelt...

Die Eisenwelt, sie schäumt, schäumt vor Musik –
Mir ist, als bebte sie am ganzen Leibe –
Ich steh im Glasflur, lehne mich zurück.
Wo willst du hin? Es ist die Totenfeier
des Schattens, der dort ging. Noch einmal war Musik.

NACHTS, VORM HAUS, da wusch ich mich –
Grobgestirnter Himmel strahlt.
Auf der Axt, wie Salz, steht Sternenlicht.
Hier die Tonne: randvoll, kalt.

Riegel, vor das Tor gelegt.
Streng die wahre Erde, rauh,
rein die Leinwand, frisch gewebt,
und den Faden sieht kein Aug.

Sternensalz, im Faß zergehend.
Wasser, kalt, muß schwärzer werden.
Reiner nun der Tod und salziger das Elend,
wahrer, furchtbarer die Erde.

MEINE ZEIT, mein Raubtier, deinem
Aug – hält ihm ein Auge stand?
Wer, Jahrhunderte zu einen,
knüpft mit seinem Blut das Band?
Erdendinge. Blut, in jedem:
Blutstrahl, der zu bauen wagt.
Nur wer aß, was andre säten,
strauchelt, wo das Neue tagt.

Das Geschöpf, bis hin zum Ziele
schleppts sein Rückgrat, Jahr um Jahr.
Und die Wellenhände spielen
mit den Wirbeln unsichtbar.
Weich, ein Kindesknorpel, dieser
jugendlichen Erde Zeit.
An des Lebens Schädel, wieder,
legen sie das Opferscheit.

Dieses Leben freizuschlagen,
daß hier neu die Welt beginnt,
heißts die knotigen, die Tage
fügen, bis sie Flöten sind.
Sie, die Zeit, bewegt die Welle,
schaukelt sie mit Menschenleid.
Dort im Gras die Ottern schnellen
nach dem goldnen Maß der Zeit.

Blatt und Schößling treiben, eine
Knospe, eine zweite schwellt.
Doch du, Zeit, die mein ist, deine
Wirbel liegen da, zerschellt.
Stumpf, so lächelst du, die kranken
Glieder schleppend – du, das Tier!
Äugst, äugst rückwärts: jene Pranken,
jene Spur dort, hinter dir . . .

DER HUFEISEN-FINDER

Wir sehen den Wald an und sagen:
Da, ein Schiffswald, ein Mastenwald,
rosenfarbene Kiefern,
frei von jeglicher Mooslast bis in die Wipfel –:
sie sollten knarren im Sturm,
in entfesselter, waldloser Luft,
als einsame Pinien;
das Bleilot
fühlt dann die salzige Ferse des Windes, bleibt fest,
angepaßt an das tanzende Deck.
Und der Seefahrer,
unbezähmbar in seinem Durst nach Weite und Raum,
er schleppt die fragilen Apparate des Geometers durch
                                die Wasserfurchen,
er vergleicht die rauhe Fläche der Meere
mit der Anziehung des Erdenschoßes.

Wir atmen den Duft
der Harztränen, die aus der Schiffswand treten,
weiden unsere Blicke
an vernieteten, schön in die Schotten gepaßten
Brettern und Bohlen
– nicht der friedliche Mann aus Bethlehem wars, der das
                                zimmerte,
sondern ein anderer, der Vater
der Fahrten, der Seefahrer-Freund –,
und sagen:
Auch sie standen einst auf der Erde,

der wie ein Eselsrücken unbequemen,
mit den Wipfeln die Wurzeln vergessend,
auf der berühmten Gebirgskette,
sie rauschten im Süßwasserregen
und boten – erfolglos – dem Himmel ihre edle Last an
für eine Prise Salz.

Wo beginnen?
Alles kracht in den Fugen und schwankt.
Die Luft erzittert vor Vergleichen.
Kein Wort ist besser als das andre,
die Erde dröhnt von Metaphern,
und die leichten zweirädrigen Gefährte
mit dem farbenfrohen Vogelgespann, den dichtgedrängten
                                Vogelschwärmen,
springen in Stücke
im Wettkampf mit den schnaubenden Favoriten der Rennplätze.

Dreimal selig, wer einen Namen einführt ins Lied!
Das namengeschmückte Lied
lebt länger inmitten der andern –
Es ist kenntlich gemacht inmitten seiner Gefährten durch eine
                                Stirnbinde,
die von Bewußtlosigkeit heilt, von allzu starken, betäubenden
                                Gerüchen:
von Männernähe,
vom Geruch, der dem Fell starker Tiere entströmt,
oder einfach vom Duft des zwischen den Handflächen
                                zerriebenen Thymians.

Die Luft ist dunkel, wie das Wasser, und alles Lebendige
                    schwimmt darin, wie die Fische,
mit den Flossen sich den Weg bahnend durch eine Kugel,
eine feste, federnde, leicht erhitzte –
einen Kristall, darin sich Räder bewegen und Pferde scheuen,
die feuchte Schwarzerde Neairas, neu umgebrochen jede Nacht
mit Forke, Dreizack, Karst und Pflug.
Die Luft ist ebenso dicht gemischt wie die Erde –
man tritt aus ihr nicht hinaus, sie betreten ist schwer.
Ein Rascheln läuft grün durchs Gehölz, ein Schlagholz;
die Kinder knöcheln mit den Wirbelknochen verendeter Tiere.
Unsere fragile Zeitrechnung nähert sich dem Ende.
Dank für das, was war:
ich selbst habe mich geirrt, bin aus dem Konzept gekommen,
                    habe mich verrechnet.
Das Zeitalter klang, wie eine goldene Kugel,
hohl und aus einem Guß, von keinem getragen,
auf jede Berührung antwortete es mit »ja« und »nein«.
So wie ein Kind antwortet:
»Ich geb dir den Apfel«, oder: »Ich geb dir den Apfel nicht.«
Und sein Gesicht ist der genaue Abdruck der diese Worte
                    sagenden Stimme.

Der Klang klingt fort, obgleich das, was ihn auslöste, dahin ist.
Ein Pferd liegt im Staub, schaumbedeckt, schnaubend,
doch sein jäh gewendeter Hals
bewahrt noch die Erinnerung an den Lauf mit weit auseinander-
                    geworfenen Beinen:
als ihrer nicht vier waren,
sondern so viele als Steine am Weg lagen,

viermal gewechselt – sooft
als der feuerschnaubende Zelter abstieß vom Boden.

Und der
das Hufeisen fand,
er bläst es vom Staub rein,
reibt es mit Wolle blank,
sodann
hängt er es über der Hausschwelle auf;
da soll es nun ausruhn
und nie wieder Funken schlagen müssen aus Kieselsteinen.

Die menschlichen Lippen,
       die nichts mehr zu sagen haben,
bewahren die Form des letzten Worts, das sie sagten,
und die Hand, sie spürt noch das volle Gewicht des Krugs,
den sie zur Hälfte
      verschüttete, als
         sie ihn heimtrug.
Was ich jetzt sage, sage nicht ich,
sondern es ist ausgegraben aus der Erde, wie das versteinerte
           Weizenkorn.

Die einen
     bilden einen Löwen ab auf den Münzen,
die andern
    einen Kopf;
allerlei kupferne, goldene, bronzene Scheibchen
ruhn in der Erde, die einen so ehrenvoll wie die andern.

Das Zeitalter, das sie zu durchnagen versuchte, prägte ihnen
seine Zähne auf.
Die Zeit sägt an mir wie an einer Münze,
und ich – ich reiche mir ja selber nicht aus.

GRIFFEL-ODE

Der Stern zum Stern, machtvoll gefügt –
Der Kiesweg aus dem alten Liede –
Kies spricht und Luft, Hufeisen spricht
zum Ring, das Wasser spricht zum Kiesel –
Die Griffel-Zeichnung, milchig an
der Wolken weicher Schiefertafel –
Nicht Welten-Schule – nein, ein Wahn,
ein Halbschlaf-Traum, geträumt von Schafen.

Die Schafsfellmütze wärmt uns gut,
die Nacht ist dicht, wir schlafen, stehend.
Zurück ins Feste kehrt die Flut,
als Kettlein, leichter Schaum und Rede.
Hier schreibt die Angst, hier rückt der Stift,
der bleiern-milchige, im Fernen;
hier reift die Kladde mit der Schrift
all jener, die beim Wasser lernen.

Dort: Städte, Ziegenstädte, steil;
der Kiesel, schroff emporgeschichtet –
Und darin, dennoch, Beeten gleich:
die Lämmersiedlungen und -kirchen!
Die Zeit gibt Form, das Wasser lehrt,
das Bleilot hält ihnen die Predigt,
der Wald der Luft, durchsichtig, er:
von ihnen allen längst gesättigt.

Der bunte Tag – verjagt: die Wabe
ist reingefegt von dir, Hornisse!
Die Nacht, sie kommt, im Geierschnabel
die Flammenkreide, atzt den Griffel.
O wär'n sie von der Tafel fort,
all die vom Tag geprägten Male!
Und die Erscheinungen, die blassen dort:
verscheucht, wie Nestlinge, sie alle!

Die Frucht – sie schwärt. Die Traube – rund.
Der Tag, wie eh und je: Getöse.
Und Knöchelspiel, so rührend, und
mittags die Schäferhunde, böse . . .
Wie Schutt, herab von eisgen Höhn –
Der grünen Formen Schattenseite –
Das Wasser, hungrig, wirbelt, strömt
– ein junges Tier, so tollts –, es gleitet

wie ein Spinne zu mir her,
wo mondbespritzt die Fugen klaffen –
Ich hör das Griffel-Knirschen, hör
die sprachlose, die steile Tafel.
Erteilst, Gedächtnis, Unterricht?
Sinds deine Stimmen, die da reden?
Die Nacht – entzwei? Entrangst den Stift,
den Schieferstift den Vogelschnäbeln?

Nur aus der Stimme zu verstehn,
was sich dort eingeritzt, im Streite –
Wir führn den spröden Stift – er geh
dorthin, wohin die Stimme deutet.
Ich brech die Flammenkreide Nacht,
halt Worte fest, vorbeigeglitten,
tausch Lautes gegen Pfeilgesang,
tausch Ordnung gegen Zorn und Zittern.

Wer bin ich denn? Ich baue nicht,
ich deck kein Dach, befahr nicht Meere:
Zweihänder, doppelseelig, ich,
der Freund der Nacht, des Tags Gefährte …
Wer da vom harten Stein gesagt,
er sei des Wassers Schüler – selig!
Und wer euch, Berge, die ihr ragt,
den Fuß am Boden festhält – selig!

Das Tagebuch studiere ich
des Sommers mit den Griffelzeichen,
studier, wie Luft, wie Kiesel spricht,
die Lichtspur drin, die Dunkelheiten.
Könnt ich die Finger in den Kies
des Lieds von einst tun, wie in eine Wunde,
so daß ich Wasser dort und Stein zusammenschließ,
den Huf- zum Fingerring dort unten …

DER ERSTE JANUAR 1924

Die Zeit, wer ihr die Stirn geküßt, die wundgequälte,
er denkt, ein Sohn, noch oft an Zärtlichkeit,
wie sie, die Zeit, sich draußen schlafen legte
im hochgehäuften Weizen, im Getreid.

Wer des Jahrhunderts Lider je emporgehoben
– die beiden Schlummeräpfel, schwer und groß –,
der hört Geräusch, der hört die Ströme tosen
der lügenhaften Zeiten, pausenlos.

Jahrhundert, herrisches, mit lehmig-schönem Munde
und zweien Äpfeln, schlafend – doch
eh's stirbt: zur Hand des Sohns, die schrumpfte,
neigt es sich mit der Lippe noch.

Der Lebenshauch, ich weiß, verebbt mit jedem Tage,
ein kleines noch, ein kleines – und
erstorben ist das Lied von Kränkung, Lehm und Plage,
mit Blei versiegeln sie dir diesen Mund.

O Lehm-und-Leben! O Jahrhundert-Sterben!
Nur dem, ich fürcht, erschließt er sich, dein Sinn,
in dem ein Lächeln war, ein hilfloses – dem Erben,
dem Menschen, der sich selbst verlorenging.

O Schmerz, o das verlorene Wort zu suchen,
o Lid und Lid zu heben, krank und schwach,
Geschlechtern, fremdesten, mit Kalk in deinem Blute
das Gras zu pflücken und das Kraut der Nacht!

Die Zeit. Der Kalk im Blut des kranken Sohnes
wird hart. Die Truhe Moskau, hölzern, schläft.
Die Zeit, die Herrscherin. Und nirgends ein Entkommen …
Der Apfelduft des Schnees, wie eh und je.

Die Schwelle hier: ich wollt, ich könnt sie lassen.
Wohin? Die Straße – Dunkelheit.
Und, als wärs Salz, so weiß, dort auf dem Pflaster,
liegt mein Gewissen vor mich hingestreut.

Durch Gassen hin, verwinkelte, durch Schlippen
geht nun die Reise, irgendwie:
ein schlechter Fahrgast sitzt in einem Schlitten,
zerrt sich die Decke übers Knie.

Die Gassen, schimmernd, Gassen, Abergassen,
die Kufe knirscht wie Äpfel unterm Zahn.
Die Schlaufe da, ich krieg sie nicht zu fassen,
sie wills nicht, und die Hand ist klamm.

Nacht, Kärrnerin, mit was für Schrott und Eisen
kommst du durch Moskau hergerollt?
Da schlagen Fische auf, und da, aus rosigen Häusern,
dampfts dir entgegen – Schuppengold!

Moskau, aufs neue. Ach, ich grüß dich, wieder!
Vergib, verzeih – mein Unglück war nicht groß.
Ich nenn sie gern, wie immer, meine Brüder:
den Spruch des Hechts und ihn, den harten Frost!

Der Schnee im Himbeerlicht der Apotheke...
Ein Klappern, fernher, eine Underwood...
Der Kutscherrücken... Die verwehten Wege...
Was willst du mehr? Sie bringen dich nicht um.

Der Winter – schön. Und himmelhin die weiße,
die Sternenmilch – es strömt, verströmt und blinkt.
Die Roßhaardecke knirscht an den vereisten,
den Kufen hin – die Roßhaardecke singt!

Die Gäßchen, qualmend, das Petroleum, immer –:
verschluckt der Schnee, der himbeerfarben war.
Sie hörn die Sowjet-Sonatine klimpern,
erinnern sich ans zwanziger Jahr.

Reißt es mich hin zu Schmäh- und Lästerworten?
– Der Apfelduft des Frosts, aufs neue er –
O Eid, den ich dem vierten Stand geschworen!
O mein Gelöbnis, tränenschwer!

Wen bringst du um noch? Wen wirst du noch rühmen?
Und welche Lüge, sag, fällt dir noch bei?
Reiß jene Knorpel weg, die Tasten der Maschine:
vom Hecht die Gräte legst du frei.

Der Kalk im Blut des kranken Sohns: er schwindet.
Ein Lachen, selig, macht sich los –
Sonaten, mächtige... Die kleine Sonatine
der Schreibmaschine –: deren Schatten bloß!

WAR NIEMANDS ZEITGENOSSE, wars in keiner Weise,
solch Ehre ist zu hoch für mich.
Ein Greul, wer da so heißt, wie sie mich heißen,
das war ein andrer, war nicht ich.

Zwei Schlummeräpfel nennt die Zeit ihr eigen,
ihr Herrschermund ist lehmig-schön.
Doch wird er sich der welken Hand entgegenneigen
des Sohns, der altert, im Vergehn.

Mit ihr, der Zeit, hob ich empor die Lider,
die schmerzenden, das Schlummerapfelpaar,
und sie, die Ströme, sie erzählten wieder:
wie Menschenzwist entbrannte, Jahr um Jahr.

Ein Faltbett, leicht, das schimmerte von Kissen,
vor hundert Jahren ... Tönern, fremd,
so streckt' sich drauf ein Leib, dem Schlaf entrissen:
der erste Rausch der Zeit – zu End.

Der Welten Rasselschritt, und dies, inmitten:
dies Bett hier, leicht, so leicht.
Nun, da wir keine sonst zusammenschmieden,
so laßt uns zeiten mit der Zeit.

In heißen Stuben, unter Zelten, Plachen,
da stirbt die Zeit – und alsobald:
das Schlummerapfelpaar, auf hörnerner Oblate,
es leuchtet, weiß, es strahlt.

Notiz über Ossip Mandelstam

Wie bei kaum einem seiner dichtenden Zeit- und Schick-
salsgenossen in Rußland – und diese Dichter, von denen
das noch nicht zu Ende gedachte Wort Roman Jakobsons
gilt, daß sie von ihrer Generation »vergeudet« wurden, hei-
ßen Nikolaj Gumiljow, Welemir Chlebnikow, Wladimir
Majakowskij, Sergej Jessenin, Marina Zwetajewa – ist bei
dem im Jahre 1891 geborenen *Ossip Mandelstam* das
Gedicht der Ort, wo das über die Sprache Wahrnehmbare
und Erreichbare um jene Mitte versammelt wird, von der
her es Gestalt und Wahrheit gewinnt: um das die Stunde,
die eigene und die der Welt, den Herzschlag und den Äon
befragende Dasein dieses einzelnen. Damit ist gesagt, in
welchem Maße das Mandelstamsche Gedicht, das aus sei-
nem Untergang wieder zutage tretende Gedicht eines
Untergegangenen, uns Heutige angeht.

In Rußland, der Heimat dieser Dichtung, zählen die Ge-
dichtbände Ossip Mandelstams (*Der Stein*, 1913, *Tristia*,
1922, und der um die nach der Oktoberrevolution ent-
standenen Verse vermehrte Sammelband *Gedichte*, 1928)
noch immer zum Totgeschwiegenen, Verschollenen, allen-
falls am Rande Erwähnten. Eine Neuausgabe der Gedichte
Mandelstams, auch seiner bedeutenden erzählenden und
essayistischen Prosa, erschien, eingeleitet von Gleb Struwe
und Boris Filipow-Filistinskij, 1955 im Tschechow Verlag,
New York.

Was den Gedichten zuinnerst eingeschrieben war, das tiefe
und mithin tragische Einverständnis mit der Zeit, zeichne-
te auch dem Dichter seinen Weg vor: im Verlauf der stalin-
schen ›Säuberungen‹ der dreißiger Jahre wurde Mandel-
stam nach Sibirien deportiert. Ob er dort den Tod fand
oder, wie auch ›The Times Literary Supplement‹ zu be-

richten wußte, nach seiner Rückkehr aus Sibirien in dem von den Armeen Hitlers besetzten Teil Rußlands das Schicksal so vieler anderer Juden teilen mußte: dies endgültig zu beantworten, ist zur Stunde noch nicht möglich.

Der geistesgeschichtliche Kontext der Dichtung Ossip Mandelstams, an der neben Russischem auch Jüdisches, Griechisches und Lateinisches teilhat, die in ihnen mitsprechende religiöse und philosophische Gedankenwelt, ist bislang zu großen Teilen noch unerschlossen. (Die in diesem Zusammenhang zumeist erwähnte Zugehörigkeit des Dichters zu den ›Akmeisten‹ macht nur einen der Aspekte dieser in jeder Hinsicht ungewöhnlichen Dichtung sichtbar.)

Der mit diesem Buch dem deutschsprachigen Leser vorgelegten Auswahl – sie ist, neben einzelnen Übertragungen ins Italienische, Französische, Englische und Deutsche, die erste größere fremdsprachige Auswahl in Buchform – soll zunächst die Chance gegeben sein, die unter den vielen die erste jeder Dichtung bleibt: die des bloßen Vorhandenseins.

9. Mai 1959   P. C.

SERGEJ JESSENIN

DORT ÜBERN TEICH

Dort übern Teich gewoben ist das Rot vom Himmelssaum,
der Auerhahn, er klagt, mit ihm klagts aus dem Nadelbaum.

Auch sie, die Amsel, klagt und weint und kommt nicht mehr
hervor.
In mir – nichts, das da weinen wollt, das Herz ist lichtumflort:

Den Weg, der dort zum Ring sich schließt, kann ich dich
kommen sehn,
das Heu, gehiefelt, wartet schon, wir brauchen nicht zu stehn.

Ich küß dich trunken, meine Hand, sie greift dich – greift ein
Blatt.
Wem Freude seine Sinne raubt, hat Wort und Rede satt.

Ich küß die Finger dir dorthin, wo Tuch und Schleier sind,
solang die Nacht die Nacht sein will, bleibst du mir trunken,
Kind.

Du Auerhahn, du klage nur, du tön nur, Nadelbaum:
sie ist nicht schwer, die Schwermut dort im Rot vom Himmels-
saum.

BEI DEN GELBEN NESSELN

Bei den gelben Nesseln, bei den
  Zäunen abgenutzt,
stehn verwaist die Katen – Weiden
  nehmen sie in Schutz.

Blau umbuscht ein Hohlweg. Wiesen.
  Teich- und Weihergrün.
Hier vorbei: die Straße – diese:
  nach Sibirien hin.

Gehst zu Fremd und Niegesehen,
  Rußland – bist nicht bang.
Menschen ziehn die Straße, gehen
  unter Kettenklang.

Alles Mörder oder Diebe,
  wie's das Los beschert.
Schwermutsblicke – ihr geliebten!
  Wangen – ausgezehrt!

Schadenfrohe Mörderherzen:
  mörderisch – und schlicht.
Diese Münder im geschwärzten
  zuckenden Gesicht!

Ich – ich denk und denke: Seele,
  Seele, du bist rein.
Aber wem gehts an die Kehle,
  wenn der Herbstwind pfeift?

Ich – auch ich zieh mit den Dieben
  einst durch diesen Staub,
fühl den Strang und lern dich lieben,
  Schwermut, schwarze Braut.

Wenn ich mich dann straff und strecke
  und blick lächelnd drein,
weiß ich: Regenzungen lecken
  das Gelebte rein.

BLAUE HIMMELSSCHÜSSEL

Blaue Himmelsschüssel, der
gelben Wolken Honigschwaden.
Nacht und Menschen schlummern – wer
wacht da? Ich, mit Gram beladen.

Wolkenbalken, Fichten: die
Kreuze hauchen süßen Brodem.
Hänge: Finger strecken sie
nach dem Ring – der Schrunde droben.

Schwatzen, Blubbern tief im Moor;
drüberhin der Reiher schreitet.
Oben tropft ein Stern hervor,
einer, einsam, unbegleitet.

Rauch und Schleier rings, den Stern
greif ich mir, ich schleudre Brände
in den Wald, wir brennen, gern,
wettern über Himmelswände.

IN MEINER HEIMAT LEB ICH NICHT MEHR GERN

In meiner Heimat leb ich nicht mehr gern,
Buchweizen ruft, aus Weiten, endlos großen.
Ich laß die Kate Kate sein, bin fern,
ich streun, ein Dieb, umher im Heimatlosen.

Tag, wie dein Licht sich lockt, so will ich gehn,
im Irgendwo will ich zur Ruh mich setzen.
Was mir bevorsteht, Freund, ich kanns schon sehn:
ich seh am Stiefelschaft dich's Messer wetzen.

Die gelbe Straße, vor mir läuft sie hin,
der Frühling, er läuft mit, das Wiesenblond, die Helle.
Den Namen grub ich tief in meinen Sinn,
und die ihn trägt, sie jagt mich von der Schwelle.

Ich weiß, mich führts zurück zu Vaters Haus –
Mein ganzer Trost: daß fremde Herzen hüpfen...
Ein grüner Abend kommt, ich zieh die Jacke aus,
am Ärmel mich ans Fensterkreuz zu knüpfen.

Die Weiden hängen grau, das Zaungeflecht
steht schief – sie müssen Kummer haben.
Mich Ungewaschnen bettet man zurecht,
die Meute bellt – sie haben mich begraben.

Und oben schwimmt der Mond, er schwimmt und schwebt,
und läßt, wo Seen sind, seine Ruder fallen.
Und Rußland lebt, wie's immer schon gelebt:
am Zaun, da tanzt es, und die Tränen rollen.

DAHINSINGT DIE FUHRE

Dahinsingt die Fuhre an schnellen
Büschen vorüber – und singt.
Aufs neue, am Weg: die Kapelle,
das Kreuz, das der Seelen gedenkt.

Aufs neue, vom Hafer her, Trauer:
sie weht mich, die wärmende, an.
Ein Kirchturm mit kalkweißer Mauer –
nun gut, so bekreuze mich, Hand.

Du rötlicher Schimmer, du Bläue
im Fluß, der vom Himmel her sank,
o Rußland, du Schwermut der Weiher:
mein Herz, es ist dein und ist krank.

Du stehst, und die Nebel dort brauen,
den Schmerz, den erlotet kein Blei.
Doch dich nicht mehr lieben, nicht glauben –
nein, nein, das bringt keiner mir bei.

Ich trage sie gern, diese Ketten,
gern schlafe ich – morgen wie heut:
ich hör dich ja, Gras meiner Steppe,
ich hör ja Gebet und Geläut.

DEM ABEND DENKT VERSONNEN NACH DER WEG

Dem Abend denkt versonnen nach der Weg,
im Blau stehn – blauer – Ebereschenzweige.
Der alten Kate Schwellen – ihre Kiefer –: reg.
Sie kaun das weiche Innere des Schweigens.

Es kommt der Herbst als Nebel, sanft und kalt;
zur Schütte Hafer hat er sich gestohlen.
Durchs Fensterblau gehn Blicke, Strahl um Strahl:
ein blonder Knabe folgt dem Spiel der Dohlen.

Es raucht, raucht grün und legt sich rund
ums Ofenrohr, drauf Rosenfarben zittern.
Und einer fehlt. Der Wind, mit schmalem Mund,
erzählt von ihm, der in der Nacht verwittert.

Und eines Fuß streift nimmermehr das Gold
der Gräser und das Raschellaub der Büsche.
Ein Seufzer, halb erstickt, geht ungewollt,
der Haubeneule Schnabel dort zu küssen.

Lichtloses wächst, es schweigt und döst der Stall,
der weiße Weg muß sich durch Gräben mühen,
und immer wieder ächzt, ächzt leis ein Gerstenhalm,
zu Boden hängend aus dem Maul der Kühe.

RÄTSELHAFTES

Rätselhaftes, nie erraten,
fern, auf anderm Feld.
Ich – ein Gast, hierhergeraten
auf die Hügelwelt.

Wälder, Wasserläufe, Matten,
Flügel, erdfern, breit.
Doch die Sterne ziehn – ein Schatten
über Jahr und Zeit.

Nicht dein Mund gab mir die Küsse,
nicht du hältst mich fest.
Anders werd ich wandern müssen
zwischen Ost und West.

Flüge, Flüge – hin zu einer
stummen Finsternis.
Kein Vermächtnis, keins, und keine
Spur beschieden ist.

Doch es solln um deinetwillen
oben Augen stehn:
Sterne, zwei, tief in der Stille,
die nicht untergehn.

HERBST

Für R.W. Iwanow

Im Wacholderdickicht, das vom Ufer schaut,
Herbst, der stille Rotfuchs, seine Mähne kraut.

Wasserschleier stehen, Wasserschleier flirren,
Herbst, dein Huf ist hörbar, dunkles, blaues Klirren.

Wind, der Mönch und Klausner, geht behutsam um:
Laub, du flieg mir langsam, dieser Weg ist krumm.

Wind, er weht zur Staude mit den Vogelbeeren –
Christus, deine roten küßt er, deine Schwären.

WIND, TATST GUT DARAN ZU WEHEN

Wind, tatst gut daran zu wehen,
Sturm, hast nicht umsonst gebraust:
Irgendeiner, ungesehen,
goß mir stilles Licht ins Aug.

Etwas kam, war ohne Härte,
kam durchs Blau und nahms von mir:
jenes Weh um eine Erde
unenträtselt, nicht von hier.

Stumme Sternenmilch, magst fließen:
keine Angst, die mich befällt.
Ewigkeit, ich lernt dich lieben,
und auch du bist nahe, Welt.

Alles heilig in euch beiden,
lichtdurchwoben alle Angst.
Sonne, auf dem Glas des Weihers
schwimmt als Mohn dein Untergang.

Und ein Bild muß von der Zunge
hier im Korn, das wogt und wallt:
Himmel leckt sein rotes Junges,
er, der Himmel, hat gekalbt.

DU LAND, DEM REGEN LIEB

Du Land, dem Regen lieb wie keines,
du mit der Stille, die da streunt ...
Die Sichel droben in der Bläue:
ein Brotkipf ist sie, goldgebräunt.

Das Feld dort, das sie zweimal pflügen.
Der Schwan, der himbeerfarbne, fern.
Ein Wolkenzweig. Und dran, sich wiegend,
die reife Pflaume – er, der Stern.

Ich folg den Meilen, die da kommen,
ich geh die Not bergab, bergauf,
und hör das Korn, als wär jetzt Sommer,
und seh: der Wasserlauf erblaut.

Es raucht der Sumpf, die Nebel treiben,
es singt die Dunkelheit rundum –
Doch deine Hügel, sie – sie bleiben
lebendig, tausendzüngig stumm.

KEINE HALME MEHR

Keine Halme mehr, kein Blatt.
Feuchtigkeit und Dunst vom Teiche.
Berge, blau. Das Sonnenrad.
Lautloses Hinab der Speichen.

Aufgeweichter Feldweg. Er
hat geträumt und folgt den Träumen:
Nicht mehr lange, lang nicht mehr
wird der Graukopf Winter säumen.

Gestern, ach, mir klang der Busch,
sah ich, da die Nebel glitten:
Mond, das Füllen, Mond, der Fuchs,
spannte sich vor unsern Schlitten.

IHR ÄCKER, NICHT ZU ZÄHLEN

Ihr Äcker, nicht zu zählen,
du Schwermut unbegrenzt,
du Gestern auf der Seele,
du Herz, drin Rußland glänzt.

Der Huf spricht zu den Meilen,
die Ferne singt vorbei.
Es regnet Sonne – eine
Handvoll wird mir zuteil.

O regen-, flutverheerter,
o stiller Wiesengrund –
ich ging hier in die Lehre
bei Stern und Dämmerung.

Ich las im Buch der Winde:
ich las die Heilge Schrift.
Jesajas, unsre Rinder,
die goldnen, auf der Trift!

DER FRÜHLINGSREGEN WEINT

Der Frühlingsregen weint die letzte Träne,
    der Sturm erstirbt, verebbt.
Mir ist es öd mit dir, Sergej Jessenin,
    der du die Blicke hebst.

Öd das Geräusch der unsichtbaren Schwingen
    dort unterm Himmelsbaum.
Die in den Gräben schlafen, lang – dein Singen,
    dein Lied erweckt sie kaum.

Im Abgrund Zeit, da liegt es: wundgerieben
    und festgerammt – dein Wort.
Nicht mit den Winden – in den Büchern drüben
    spricht, was dein Traum war, fort . . .

Es hockt da wer, ungläubig, über deinem
    geschriebenen Gedicht.
Dein roter Abend spricht zu irgendeinem,
    und dich – dich gibt es nicht.

Er muß von Block, er muß von Brjussow kosten,
    auch andres wird bemüht.
Doch tags wie immer, tagt auch jetzt, im Osten,
    der Nu, wie sonst, verglüht.

Wie du auch singst, die Erde bleibt die alte,
    du singst kein Blatt vom Zweig.
Dein roter Mund, ans Holz bleibt er genagelt
    in alle Ewigkeit.

Pilatus, sternenhaft, die tauben Hände,
dieselben, zeitenlang...
O Eli, lama sabachthani, wende
mich gegen Untergang.

INONIEN

Dem Propheten Jeremias

1

Ich fürcht nicht das Untergehen,
nicht Regenpfeil noch -speer.
»Sergej läßt es geschehen«,
so spricht und kündet er.

Reif ward mir Zeit und Stunde,
ich fürcht nicht die Peitsche, die pfeift.
Leib Christi –: aus dem Munde
spei ich Ihn, Deinen Leib.

Dein Heil – nein, ich begehre
kein Kreuzes- und Marterheil!
Durch die Ewigkeit bohrt ihr euch, Sterne:
die Lehre ward mir zuteil.

Die Wiederkunft, die ich schaue:
Wahrheit – kein Tod schwingt das Bein!
Das räudige scher ich, das blaue,
das Himmelsvlies schere ich rein.

Der Mond – meine Hand soll ihn greifen.
Ich knack dich schon, Mond, du Nuß!
Und zum Himmel die Himmelsleiter!
Und kein Schnee mehr, der fallen muß!

Das Antlitz der Morgenröte,
nicht verwölk es sich künftig im Teich.

Einer Henne gleich lege ich heute
das goldne, das wortreiche Ei.

Der sehnigen Hand wirds gelingen:
sie stülpt euch die Welt hier um …
Achtmal wächst mir die Schwinge,
achtmal gerauscht kommt der Sturm.

Rußlandhin ein Glockenbellen –:
Kreml, deine Mauer klagt.
Erde, auf die Sternenstrahlen
spieß ich auf dich, daß du ragst!

Zu der Stadt, der ungesehnen,
stoß ich vor durch Sternenmilch.
Gottes Bart: mit meinen Zähnen
zupf und rupf und rauf ich dich!

Stürmen hört er mich, keifen,
ich pack ihn beim weißen Schopf:
Auf daß meine Wortflur mir reife,
wirst du mir ein anderer, Gott!

Kitesch – verflucht seine Auen
und die dort noch atmen und gehn!
Wo kein Grund ist, da wolln wir sie bauen,
die Pfalz – sie soll ragen und stehn!

Ich lecke es von den Ikonen,
das Heiligenantlitz – seht!
Ich verheiß euch das Land Inonien,
wo die Gottheit der Lebenden lebt!

Weine, Moskowien, schluchze!
Der da kommt, hat die Meere durchfurcht.
Die Gebete im Stundenbuche:
mit dem Wortschnabel hack ich sie durch.

Ich führ dich hinaus aus dem Hoffen,
ich gebe dir Glauben und Macht,
daß du, wenn es tagt, mit der Sonne
umpflügest den Acker der Nacht.

Daß er aufgeh mit Ähren und Dolden,
er, der der Wortacker ist,
daß durchschwärmt sei, bienengleich, golden,
die Nacht und die Finsternis.

Ich fluche dir, Radonesch, fluche
all deiner Fährte und Spur!
Dir, der du mit Karsten und Fluten
gelockert die Goldfeuerflur!

Dein Wolken-, dein Wolfsrudel, jene
wütende Meute dort:
Wer da rief und beherzt war – die Zähne,
die wölfischen, stießen ihn tot.

Deine Sonne, mit Krallen und Tatzen:
unsre Seelen wissen von ihr.
An den Wassern Babels, da saßen
und weinten im Blutregen wir.

Ich reiß Christus die Hosen herunter –
Gebrüllt, so hört ihr's, geschnaubt:
In der Schüssel des Mondes, munter,
da waschet euch Hände und Haupt!

Ich sag euch: Ihr gehet zugrunde,
der Glaube – das Moos – deckt euch zu.
Und drüber schwoll Gott: eine runde
und unsichtbare Kuh.

Es wird keine Flucht euch frommen,
das Kalb, er trägt es aus.
Er wirfts – wirft die neue Sonne
in unser russisches Haus.

Er kalbt – so schmelzt er es nieder,
was den Flüssen ein Hemmnis war.
Ein Kochen bewirkt es, ein Sieden,
sein goldenes Hörnerpaar.
. . . .
Ein Bein hier und eins in Ägypten –
Ich nagle die Martern euch los . . .
Die Pole, ich greif sie mir, beide –
Die Zange – die Hand – läßt nicht los . . .

Unters Knie zwing ich mir den Äquator,
und während es windet und weint,
brech ich unsre Erde und Mutter
wie einen Kringel entzwei.

Und wo's klafft, im dunkelsten Dunkel,
auf daß die Welt dies gewahr',
da laß ich es sonnengleich funkeln:
mein Haupt mit dem sternigen Haar.

Und vier Sonnen, wie Fässer, poltern
hernieder aus dem Gewölk.
Die Reifen verrollen sich, golden,
und Welt wird bewegt um Welt.

3

Ich spalte die Welt durch die Mitte,
und du, Amerika, hör:
Schick keine eisernen Schiffe
über des Unglaubens Meer!

Kein Stahl- und Granitbogen! Keine
Last mir auf Fluß und auf Land!
Mit Ladogas Wassern, den freien,
bricht der Mensch sich durchs Dasein die Bahn!

Laß! Ramm nicht mit Armen, mit blauen,
ins Unland das Himmelsfeld:
Die Nagelköpfe, sie bauen
kein fernes, kein Sternenzelt.

Die Feuer, sie schweifen und gären:
kein Stahl, der dagegensteht, hart.
Ich hinterlasse die Fährte
der Neuen Himmelfahrt.

Mit Hufen, so komm ich herunter –
An die Achse der Erde, da soll
ein Sonnenrad dran und ein Mondrad,
und der Erdenwagen – er rollt!

Ich sag dir: Schick keine Gebete
über die Strahlen aus Draht.
Der da kommt, ein Lamm, über Berge:
sie leuchten ihm nicht, wenn er naht!

In dir, da ist einer mit Pfeilen,
der auf den Nahenden schießt —
Der Pfeil trifft die Brust, und das weiße
Vlies ist ein blutrotes Vlies.

Durchsternt sind die Dunkelheiten:
der gleitenden Hufe Gold!
Und wieder, mit flimmernden Speichen,
kommt nachthin der Regen gerollt.

Dann laß ich die Räder erklingen,
den Sonnen-, den Mondgesang;
das Angesicht hinter der Schwinge,
so komm ich, ein donnernder Brand.

Dein Gebirg, beim Ohr will ich's zerren,
dein Gras rauf ich aus mit dem Speer,
und all deine Zäune und Wehre,
ich blase sie, Staub, vor mir her.

Die Wangen, die schwarzen, der Äcker,
die Pflugschar hier pflügt sie dir neu.
Alswie eine goldene Elster
fliegt deine Ernte herbei.

Und es hören, die hier nun leben,
den Flügel-, den Ährenschall.
Mit goldenen Strahlenstäben
langt die Sonne ins Tal.

Aus Feldern – Handtellern – steigen
die neuen Fichten empor,
und je nach den Tagen, den Zweigen,
hüpft eichkatzengolden das Jahr.

Die Flüsse erblauen und gleißen,
kein Erdkloß hemmt ihren Lauf,
und die Dämmerung kommt mit der Reuse
und holt sich den Sternfisch herauf.

Ich sag dir, es wird eine Zeit sein,
da verebbt das Gewitterwort,
dein Korn, es stößt durch den Scheitel,
den himmelblauen dort.

Und über der Welt, auf den Sprossen
der Leiter, die wir nicht sahn,
schlüpft er aus, das Mondherz durchstoßend:
der krähende, kündende Hahn.

4

Ich wandre auf Wolkenwegen
mit abwärtshangender Stirn,
ich höre den hellblauen Regen,
ich höre dich zwitschern, Gestirn.

In fernen und nächtlich blauen
Buchten, da schwimmt mein Bild.
Inonien, ich seh dich, ich schaue
dein goldbemütztes Gebirg.

Ich sehe die Fluren und Katen,
ich seh meine Mutter, sie hockt,
um den Finger den Sonnenfaden,
den sie dem Abend entlockt.

Sie klemmt den Faden ins Fenster,
um den Buckel rund spult sie ihn,
und die Sonne, ein wahres Kätzchen,
spielt mit dem Knäuel, zieht ...

Und während die Wasser scherzen
und während es uferher ruft,
kommt von der unsichtbaren Kerze
das Lied herniedergetropft:

»Ehre Ihm dort droben,
Friede sei hienieden!
Blau stößts vor, das Mondhorn,
das Gewölk zerstiebet.

Jemand half dem Gänslein
aus dem Ei, dem Stern:
in der Fußspur pickt es
Unsres Lichten Herrn.

Jemand bracht den Glauben,
der Kreuz und Pein nicht kennt,
spannt' den Regenbogen
übers Firmament.

Freude, Zion, Freude!
Tauch ins Licht uns ein!
Nazareth, das neue,
steht am Himmelsrain.

Dort, auf der Stute:
Er naht, Er naht!
Der Heiland, der neue,
Er kommt, Er ist da.

Ja, unser Glaube –:
in der Kraft, nur da!
Ja, unsre Wahrheit –:
in uns, ja!«

Inonien *(Ino'nija)*, von *inoi'*, ›ander‹, also ›Anderland‹, – Utopia.
Kitesch *(Ki'tež)*, versunkene Stadt der russischen Volkssage.
Radonesch *(Ra'donež)*, gemeint ist der hl. Sergius von Radonesch
(1314–1392).

FORT GING ICH

Fort ging ich, mein Haus ist fern,
Rußland blaut nicht, wo ich schwärme.
Birken, drei, – dreimal der Stern –
glühn, der Mutter Gram zu wärmen.

Mond, ein Frosch, ein goldner, glüht,
hingebreitet übers Wasser.
Vaters Bart ist weiß durchblüht –
Es sind Apfelblüten, Vater.

Wann ich heimkomm? Komm ich je?
Schneesturm – lang singt er und läutet . . .
Ahorn, altes Einbein, steh,
wach mir über Rußlands Bläue.

Voller Regen hängt dein Schopf;
küßt ihn wer – du wirst nicht weinen!
Ach, ich weiß es ja: mein Kopf,
er hat etwas von dem deinen.

DIE SCHWERE SEELE TRÄUMT VON HIMMELN

Die schwere Seele träumt von Himmeln:
nicht hier, da wohnt sie, sie wohnt dort.
Den grünen lieb ich, jenen Schimmer:
wo kein Baum hinreicht, webt er fort.

Die goldnen Stämme treiben Zweige
vor das Geheimnis – Kerzen sinds.
Ein Glühn im Laub, und aus dem Schweigen:
das Sternenwort – zu blühn beginnts.

Vertraut ist mir der Erde Rede,
ich trag die Not, ich trag sie gern:
ich seh das Spiegelbild verschweben,
und da – schon ists der Wandelstern.

Kommt Mond und trinkt in seiner Mähne:
das Pferd, es duldets, läßts geschehn ...
O könnt ich, wie das Laub, in jene
Untiefen mit den Augen gehn!

KEIN LIED NACH MEINEM MEHR

Für Anatolij Marienhof

Kein Lied nach meinem mehr, vom Dorf zu singen,
die Bretterbrücke kann nicht mehr ins Lied.
Ich seh die Birke Weihrauchkessel schwingen,
ich wohn ihr bei – der Abschiedsliturgie.

Aus meinem Leib gezogen ist die Kerze,
sie brennt herab, brennt golden und brennt stumm.
Von ihm, dem Mond, der Uhr, der Uhr dort, hölzern,
les ich es ab: Die Zeit, Sergej, – herum.

Übers blaue Feld kommt er gegangen,
kommt und kommt, der eiserne, der Gast.
Rauft die Halme aus, die Abendröte tranken,
und er ballt sie in der schwarzen Faust.

Hände ihr, ihr fremden, seelenleeren,
was ich sing, wenn ihr es greift, ists hin.
Ach, um ihn, der einst der Herr hier war –: die Ähren,
sie, die wiehern, trauern einst um ihn.

Seelenmessen dann und danach Tänze,
nach dem Wiehern schwingen sie das Bein.
Jene Uhr dort, ja, die Uhr dort, hölzern,
sagts dir bald: Sergej, es ist soweit.

DIE STUTEN, DIE SCHIFFE

1

Sterne, angeheult vom Wolf:
blankes Blau – die Wolken nagen.
Stutenbäuche, klafften auf.
Schwarze Segel, Raben.

Greift nicht durch, die Himmelskralle:
Schneegekeuch und Schneepest, Wehn.
Goldumstarrter Schädelgarten,
fortgewiehert von den Böen.

Hörsts? Geräusch, Getön, genauer:
Harke Dämmerung geht durch den Wald.
Mit den Armen, mit den abgehaunen,
rudert ihr ins Zukunftsland.

Schwimmt! Empor! Vom Regenbogen
krächzt herab den Rabenlaut!
Weißer Baum behälts nicht oben,
's gelbe Blatt – mein Haupt.

2

Felder, Ebnen, ruft ihr? Wen?
Sollts ein Traum sein, hell und heiter?
Trabt da, blaue Reiterei,
Korn vorbei an Wald und Weiler?

Nichts da, Korn! Frost kommt geritten.
Aufgebrochen Tür und Tor.
Sprang ein Wallach, brunzt: die Pfütze,
gelb, die dann zur Sonne fror.

Wer ists? Rußland, sag, wer bist?
Abgeschäumt dein Schnee – mit wessen Kelle?
Hund um Hund, wo Weg und Straße ist,
saugt am Zipfel Morgenhelle.

Preschen nicht erst in ein Dort:
hier ists warm, wo Menschen sind.
's Menschenkind, der Wölfin gab ers, Gott.
Mensch, er fraß das Wolfenkind.

3

Singen? Wen besingen, wen?
Leichenschein rings, Brand und Rauch.
Aus dem Weibernabel, seht,
schlüpft heraus ein drittes Aug.

Da! Kroch aus und glotzt, ein Mond:
Gibts da wo noch was zu nagen?
Sang ich? Sang mir selbst zum Hohn
von der Fremd-und-Wunderbaren.

Wo, wo sind sie, jene Elf,
die versengt den Docht von Brüsten?
Heiratslustiger Poet,
wirst ein Schäfchen freien müssen.

Woll' empfang und Stroh als Abendmahl,
Wachs der Worte, wärms durch Singen.
Bös ist der Oktober, streift die Ringlein all
von den braunen Birkenfingern.

4

Tiere, Tiere, kommt, hierher, zuhauf,
weint den Haß in diese Hand, das Becken!
Mond am Himmel, hörst wohl auf,
am Gewölk herumzuschlecken?

Schwester Hündin, Bruder Rüde, wir
sind allein im menschlichen Gehege.
Was solln mir die Stutenschiffe hier,
was die Rabensegel?

Steigt der Hunger vom Gemäuer dort,
beißt im Haar sich fest,
freß ich's halbe Bein mir fort,
und ihr freßt den Rest.

Kehr bei keinem Menschen ein,
mit euch heißts krepieren.
Nehm nicht, Erde, deinen Stein,
steinig' keinen Irren.

5

Singen werd ich, singen, singen!
Keins der Tiere wird gekränkt!
Kummer gibts genug zu trinken –
nichts, das da ein Lächeln schenkt?

Alle tragen wir den Apfel Freude,
Räuberpfiff, uns allen ist er nah.
Weiser Gärtner Herbst, du kommst noch heute,
kappst den Kopf – das Gelbblatt da.

Morgen-, gartenhin: nur *eine* Schneise.
Wind, Oktober, stutzt hier Ast um Ast.
Alles zu erkennen, nichts zu greifen,
war der Dichter bei der Welt zu Gast.

Kam zur Kuh, kam mit den Lippen,
lauscht, ein Herz, im Hafer, staunt.
Schneide, Vers, schneid tiefer, Hippe!
Faulbaumsonne, Sonnenbaum.

KEINE KLAGE MEHR

Alles wie der Apfelblust: vergangen.
Keine Klage mehr, kein Ruf, kein Schrei!
Goldumwelkt bin ich, bin herbstumfangen –
War ich jung? Es ist vorbei.

Wirst, so wie du schlugst, hinfort nicht schlagen,
Herz, das Frost und Reif befiel.
Hast dem nackten Fuß nichts mehr zu sagen,
Birkenflaumland, bist kein Ziel.

Wandersinn, du kommst so selten, selten,
Lippe flammt nicht, sie ist kühl.
O die Frische einst, o diese Kälte,
Augen, damals, steigendes Gefühl...

Wunschkarg bin ich, wunschlos fast geworden,
Leben, lebt ich, träumt ich dich?
Morgenritt, das Pferd war rosenfarben,
sprengt dahin, verrannte sich.

Keine Weile will die Welt bescheiden,
rötlich glänzt Maßholdergold.
Also sei gelobt für alle Zeiten,
daß du blühn und sterben wolltst.

EIN FÜR ALLEMAL

Ein für allemal sei nun verlassen –
ja, ich gehe, heimatliches Feld!
Fern die Flügelblätter meiner Pappeln,
keine, die mir läutet und mir schellt.

Treuer Hund, liegst längst schon unterm Grase.
Unbewohnt, verhutzelt – du mein Haus.
Also hier, in Moskau, auf der Straße,
hauch ich, so wills Gott, die Seele aus.

Ja, ich lieb sie, diese Stadt: verquollen
und versumpft, nun ja, und matt.
Asien, du schläfrig und du golden,
fandst die Kuppeln, fandst die Ruhestatt.

Und ich geh, geh nächtens, unterm Monde,
geh im Mondschein, geh im Teufelsschein,
torkle durch die Gasse, die gewohnte,
und in meiner Kneipe kehr ich ein.

Laut gehts zu und bang in meiner Kneipe,
aber nachtlang, bis es Morgen wird,
rezitier ich Dirnen, was ich schreibe,
und mit Gaunern gönne ich mir Sprit.

Herz, du schlägst, schlägst schneller, schlägst verworren,
und so red ich, rede auf gut Glück:
»So wie ihr seid, bin auch ich: verloren,
wo ich bin, da gibt es kein Zurück.«

Treuer Hund, liegst längst schon unterm Grase.
Unbewohnt, verhutzelt – du mein Haus.
Also hier, in Moskau, auf der Straße,
hauch ich, so wills Gott, die Seele aus.

VERSTRÖM, HARMONIKA

Verström, Harmonika ... O Öde, Öde ...
Ich spiel, die Hand zerrinnt.
Du Luder sing, ich locke ja die Töne,
sing, Räude du und Grind!

Du ließt sie ein, sie kamen und sie gingen –
ich halts, ich denks nicht aus.
Hör auf mit deinem Tränenblau zu blinken,
sonst spürt dein Maul die Faust.

Wo sie die Bohnen ziehn, als Rabenscheuche,
ja, da gehörst du hin.
Ich bin bei dir, ich keuche und ich keuche,
du – du Peinigerin!

Verström, Harmonika, vergieß die Töne,
und du, du Hexe, sing!
Ach wärst du jene andre, zitzenschöne,
das dumme, dumme Ding.

Ich kenn sie ja, aus dem Effeff, die Schose,
ich war schon mal verliebt ...
Doch das hier, das, mit einer solchen Fose –
daß es, daß es das gibt!

Tuts weh? Nun ja, dann klingst auch heller eben!
Was machts, ob dort, ob hier?
Nein, nein, ich nehm es mir schon nicht, das Leben –
zum Teufel jetzt mit dir!

Nun war ich lang genug bei euch, ihr Schweine,
Adieu, es ist vorbei.
Ach Liebste, sieh, ich weine ja, ich weine ...
Vergib, vergib ... Verzeih ...

ABENDBRAUE

Abendbraue, schwarz, geschwungen.
Pferde – wessen? – stehn vorm Haus.
Jugend, nahes Gestern, bist vertrunken.
Liebe: gestern mir verglommen, aus.

Knirsch nicht, Schlittenkufe, späte.
Unser Leben –: fährteloser Nu.
Morgen lieg ich wohl im Krankenbette –
Solche Betten spenden lange Ruh.

Morgen – weiß mans? – bin ich anders worden,
bin geheilt, für immer, und
lausch den Faulbeer-, lausch den Regenworten,
leb und lausche, bin gesund.

Weiß nichts mehr von Schwermutsmächten,
von Vernichtungen, von Pein.
Antlitz, Antlitz! Mir am nächsten!
Du sollst unvergessen sein.

Mag ich morgen andre Liebe wählen,
bleibst der andern wohlbekannt.
Will ihr, wie du warst, erzählen,
und dich nennen, wie ich dich genannt.

Ich erzähl, wie uns die Zeit zerronnen,
unser Hier nicht hier war und doch hier . . .
Du mein Sinn, mein Sinn so unbesonnen,
wohin gingst du, wohin folgt ich dir?

WIR ENTFERNEN UNS

Wir entfernen uns, wir gehn, verlieren
uns dorthin, wo Gnade ist, wo's schweigt.
Nicht mehr lang, so muß auch ich dich schnüren,
dich, mein Bündel, dich, Vergänglichkeit.

Birken ihr, ihr steht, steht beieinander.
Erde du. Und Sand du, Sand weithin.
All die Scharen! Alle, die da wandern!
Harm und Gram und Kummer, der ich bin!

Diese Welt, sie war der Seele teuer:
Hülle gab sie ihr, Gestalt und Kleid.
Friede euch, ihr Espen! Euch und eurem
Flut und Wasser schauenden Gezweig!

Manchem dacht ich nach, da nichts sich regte,
manches hab ich mir zum Lied gefügt.
Erde, unwirsch: daß ich war und lebte,
daß ich atmen durfte – es genügt.

Froh bin ich der Münder, ja, der vielen,
froh der Gräser, wo ich wühlt und wühlt,
froh, daß ich ein Bruder war den Tieren,
froh, daß keins je meinen Fuß gefühlt.

Kein Gehölz, das mir ergrünt im Andern,
auch kein Korn dort und kein Schwanenhals.
Scharen ihr, ich seh euch wandern, wandern,
und ein Schauder kommt mir, abermals.

Flurengold, ich weiß, ich weiß, ich werde
dich nicht sehn, du dunst- und duftumwebt.
Darum, Menschen, Menschen dieser Erde,
lieb ich euch, die ihr hier mit mir lebt.

GOLDNES GEHÖLZ

Goldnes Gehölz wills aus dem Sinn mir reden:
mit leichter Birkenzunge sprichts.
Ich seh den Kranich, seh die Schwermut schweben,
das Herz zieht oben, hängt an nichts.

Woran denn auch? Wem baut die Welt denn Zelte?
Du gehst, du kommst, verweilst dich kaum –
Der Weiher sinnt dir nach, der monderhellte,
im Hanffeld weilst du, Gehender –: ein Traum.

Das nackte Flachland rings, ich steh inmitten,
der Wind trägt mir die Kranichschwärme fort,
mir kommt die Jugend durch den Sinn geschritten –
ich laß sie gehn, ich traure nicht hinfort.

Die Zeit, vertan, sie soll mich nicht gereuen,
das Herz nicht, das voll Flieder stand.
Im Garten lodert Ebereschenfeuer,
doch wärmt er keinen mehr, der Brand.

Die roten Büschel stehen, stehen alle,
das Gras bleibt stehn, es trotzt der Glut.
Still läßt der Baum die stillen Blätter fallen –
und ich die Worte, die mir wehetun.

Und kommt die Zeit, mit Winden und mit Rechen,
und scharrt zuhauf, was auf der Zunge hing,
so sagt: Es fing Gehölz, Gehölz fing an zu sprechen,
und golden war die Rede, die da ging.

BALLADE VON DEN SECHSUNDZWANZIG

G. Jakulow, dem herrlichen
Künstler, herzlich

Dichter, das Lied:
sings.
Bläue oben, Bläue
rings.
Dies Lied, auch das Meer
rollts heran:
26 warens,
26 Mann.
Sechsundzwanzig,
zwanzig und sechs.
Kein Sand, der die Gräber
je überwächst.
Kein Wind, kein Vergessen
weht das je zu:
die Erschießung bei
Baku.
Überm Meer dort die Nebel
rücken heran.
Aus dem Sand, sieh, erhebt sich
er, Schaúmjan.
Ein Pochen ans
öde Gelände –
und da: die andern
50 Hände!
Sie streifen die Erde,
den Moder ab –
die 26
entsteigen dem Grab.

Den trafs in den Rücken,
den trafs in die Brust –
ich hör sie sagen:
»Kein Zeitverlust!
Die Nebel stehn –
Mal schnell nach Baku,
mal rübersehn,
wie gehts da wohl zu?«
. . . .
. . . .

Der Mond hängt oben,
melonengelb.
Das Meer wälzt die Welle,
die Welle zerschellt.
Wie damals, wie damals:
die Nacht, der Mond,
die englische Kugel,
die keinen verschont.

Kommunismus, das heißt:
keinerlei Joch.
Ein Sturm – das Volk
ist wach.
Arbeiter, Bauer,
beide zugleich,
sie standen gegen
das Zarenreich.
Droben die Junker
im Russenland,
sie spürten Wladímir
Iljitschs Hand.

Und hier, bei uns,
im Osten:
die 26,
Genossen.

Dann, ihr erinnert euch,
war
das unselige achtzehner
Jahr.
Die Welt-
bourgeoisie,
sie kam und kam.
Unter Beschuß lag
Aserbeidschan.

Das Los der Kommune:
schwer.
Sie fielen über sie her.
Und dann das Schwerste, dann:
das mit den 26
Mann.

Durch Sande so heiß
wie schmelzendes Wachs:
der Fußmarsch bis hinter
Krasnowodsk.
Niedergesäbelt,
niedergeknallt –
sie liegen, sie liegen
im gelben Sand.

26 warens,
zwanzig und sechs.
Kein Sand, der die Gräber
je überwächst.
Kein Wind, kein Vergessen
weht das je zu:
das Blutvergießen
hinter Baku.

Überm Meer dort die Nebel
rücken heran.
Aus dem Sand, sieh, erhebt sich
Schaúmjan.
Ein Pochen ans
öde Gelände –
und da: die andern
50 Hände!
Sie streifen die Erde,
den Moder ab –
Die 26
entsteigen dem Grab.
. . . .
Fahler die Nacht heut,
matter.

Baku. Und drüberhin: sechs-
undzwanzig
Schatten.
Von ihnen, von ihnen
spricht

dies Lied hier, dieses
Gedicht.

Nicht die Winde reden,
auch die Nebel nicht.
Hörst? Es redet einer.
Schaúmjan, er spricht:
»Dschaparidse, meine
Augen sehns genau:
Du, sie haben Arbeit
und zu essen – schau!
Du, die Erde gibt ihr
Blut her – Öl.
Du, ich sehe Schiffe –
zähl sie, zähl.
Du, ein Zug – noch einer!
Du – von fern!
Du – auf allen unser
roter Stern!«

Dschaparidse:
»Stimmt.
Etwas, das man
gern vernimmt.
Und aus dem man, denk ich,
folgern muß:
Ist in guten Händen,
unser Kaukasus.«

Der Mond hängt oben,
melonengelb.

Das Meer wälzt die Welle,
die Welle zerschellt.
Wie damals, wie damals:
die Nacht, der Mond,
die englische Kugel,
die keinen verschont.

Kommunismus, das heißt:
keinerlei Joch.
Ein Sturm – das Volk
ist wach.
Arbeiter, Bauer,
beide zugleich,
sie standen gegen
das Zarenreich.
Droben die Junker
im Russenland,
sie spürten Wladímir
Iljitschs Hand.
Und hier, bei uns,
im Osten:
die 26
Genossen.
. . . .
Droben die Bläue:
matter und matter.
Verstummt die teuren,
die Schatten.
Dem trafs die Schläfe,
dem die Brust.

Nach Achtsch-Kuim
zurück muß der Fuß.

Dichter, das Lied:
sings.
Bläue oben, Bläue
rings.
Dies Lied, auch das Meer
rollts heran:
26 warens,
26 Mann.

CHORASSAN

Chorassan hat Türen und hat Tore
hinter Rosen und Gerank.
Eine wohnt dort, sinnt dort, traumverloren.
Chorassan hat Türen und hat Tore,
doch sie auftun, das mißlang.

Hände, meine starken, meine Hände,
Haar du, Gold und Kupfer, dicht.
Sanft, so spricht die Schöne und die Fremde.
Hände, meine starken, meine Hände.
Und das Tor, ihr öffnets nicht.

Liebe, meine Liebe du verwegen.
Doch was frommts? Wozu Gesang?
Keine Eifersucht will sich ihr regen.
Da das Öffnen mir mißlang,
bist umsonst du, Liebe, so verwegen.

Rußland – dorthin, ja, muß ich mich wenden.
Persien! Laß ich, laß ich dich?
Ists der Abschied, sag, ist es das Ende?
Heimweh wohl, was mich beschlich.
Rußland – dorthin, ja, muß ich mich wenden.

Perserin, leb wohl, auf Wiedersehen.
Aufzutun die Tür mißlang –
Schön und schmerzlich war sie, deine Nähe,
dir, auch dort, gilt mein Gesang.
Perserin, leb wohl, auf Wiedersehen.

TRAUMGESICHTE

Traumgesichte. Dunkelheiten.
Weiß – ein Pferd. Ich seh wen reiten.
Und die reitet, ist bald hier,
und die kommt, sie kommt zu mir.
Kommt, ist schön, ist wie das Licht,
und ich lieb sie, lieb sie nicht.

Hei du Birke, Russenbaum!
Stehst am Weg, am Wegessaum,
kannst mir einen Wunsch erfüllen:
um der Einen, Wahren willen
laß die Zweige Hände sein
und die kommt, laß nicht vorbei.

Mond und Mondschein. Träume, Bläue.
Huf und Eisen passen heute.
O das Licht, das so geheime –
so als leuchtets ihr, der Einen!
Ihr, die solches Licht erhellt,
ihr, die's nicht gibt auf der Welt.

Haderlump ich und Halunke,
versedumm und versetrunken.
Nun, sie kam ja, auf dem Zelter,
Herz, du sollst dich nicht erkälten –
Birkenrußland, dir zu Frommen
sei die Falsche mir willkommen.

FALL NICHT, STERN

Fall nicht, Stern, mein Stern, bleib oben,
schick das kalte, schick das Licht.
Nahe, sieh, die Kirchhofspforte –
Tote Herzen schlagen nicht.

Felderstille voller Strahlen,
Sternenkorn, augustgewiegt,
lichtdurchbebt: du klagst mit allen
um den Kranich, der nicht fliegt.

Ich – ich schick die Augen über
Strauch und Hügel, weit hinaus,
lausch und hör – und hör die Lieder
von Daheim und von Zuhaus.

Dünner steigt der Saft der Birke,
Herbst kam golden durch das Kratt.
Allen, die ich ließ und liebte,
weint er nach ein Birkenblatt.

Ach die Stunde kommt, die Stunde,
unverschuldet, ungefragt,
und ich lieg, lieg hier, lieg unten,
und ein kleines Gitter ragt.

Keine Flamme, mir zu scheinen,
Herz, gehst hin und wirst zu Staub.
Freundeshand kommt mit dem Steine,
und ein muntrer Reim steht drauf.

Aber ich, könnt ich noch schreiben,
solches hätt ich hier bestellt:
Säufer lieben ihre Kneipe –
seine Kneipe war die Welt.

HÖRSTS

Hörsts, es jagen Schlitten, Schlitten jagen, du!
Gut, mit dir zu fahren, Felderfernen zu!

Zaghaft kommt ein Lufthauch, rührt uns schüchtern an,
unsre kleine Schelle bimmelt was sie kann.

Ach ihr Schlitten, Schlitten, du mein Klepper falb!
Trunken tanzt ein Ahorn aus dem schüttern Wald.

Dorthin geht die Reise: »Baum, zeig uns den Schritt!«
Und da man uns aufspielt, tanzen wir zu dritt.

DIESE NACHT!

Diese Nacht! Zuviel, zuviel!
Lauter Mond und lauter Helle!
Jugend, sie, sie geht, ich fühls,
die verlorne, durch die Seele.

Die du kamst, da ich erkalt,
nenns nicht Liebe, was wir treiben,
komm nicht du – was weiß dort strahlt,
soll nachtüber bei mir bleiben.

Mond, wenn er herüberweht,
weckt er Züge, die verschwimmen –
Du, du lernst nicht, wie man geht,
und das Kommen lernst du nimmer.

Eine Liebe gibts, nicht zwei,
und du Fremde bleibst die Fremde:
ruft die Linde uns herbei,
bleibt mein Fuß der schneegehemmte.

Du, du weißt es, wie ichs weiß:
Widerschein vom Mond, was glühte . . .
Jene Linde, jener Zweig
glänzt von Rauhreif, nicht von Blüte.

Weißt, wohin das Herz mir ging –:
nicht erst jetzt ists fortgegangen.
Und mit mir, der dich umfing,
nennst auch du's zum Schein: Umfangen . . .

Laß die Küsse Küsse sein,
deine Finger, laß sie wandern,
daß ich träum, es sei noch Mai,
und gedenke jener andern.

FREUND, LEB WOHL

Freund, leb wohl. Mein Freund, Auf Wiedersehen.
Unverlorner, ich vergesse nichts.
Vorbestimmt, so wars, du weißt, dies Gehen.
Da's so war: ein Wiedersehn versprichts.

Hand und Wort? Nein, laß – wozu noch reden?
Gräm dich nicht und werd mir nicht so fahl.
Sterben –, nun, ich weiß, das hat es schon gegeben;
doch: auch Leben gabs ja schon einmal.

INHALT

Alexander Blok

Ossip Mandelstam

Der Stein

Gedichte

Sergej Jessenin